I 贝克德意志史
皇帝、改革者与政治家

Willy Brandt

Bernd Faulenbach

维利·勃兰特

(德) 贝恩德·福伦巴赫　著　　龚倩倩　译

GUANGXI NORMAL UNIVERSITY PRESS
广西师范大学出版社
· 桂林 ·

图书在版编目（CIP）数据

贝克德意志史. Ⅰ：皇帝、改革者与政治家. 维利·勃兰特 /（德）贝恩德·福伦巴赫著；龚倩倩译. —桂林：广西师范大学出版社，2021.1

ISBN 978-7-5598-3132-3

Ⅰ. ①贝… Ⅱ. ①贝… ②龚… Ⅲ. 德意志帝国－历史②勃兰特(Brandt, Willy 1913-1992)－生平事迹 Ⅳ. ①K516.42②K835.167=5

中国版本图书馆 CIP 数据核字（2020）第 155055 号

出　版：广西师范大学出版社
广西桂林市五里店路 9 号　邮政编码：541004
网　址：http://www.bbtpress.com
出版人：黄轩庄
全国新华书店经销
深圳市精彩印联合印务有限公司印刷
（深圳市光明新区白花洞第一工业区精雅科技园　邮政编码：518108）
开本：787 mm × 1 092 mm　1/32
印张：4.75　　字数：60 千字
2021 年 1 月第 1 版　　2021 年 1 月第 1 次印刷
定价：198.00 元（全 7 册）

目　录

第一章

当代讨论中的“社民党世纪人物”

维利·勃兰特的生世皆在“短暂的20世纪”。他生于1913年，第一次世界大战爆发半年之前。一战被乔治·凯南称为“20世纪的原始性灾难”，“极端的年代”(艾瑞克·霍布斯鲍姆语）随之开始。他逝于1992年，即年代更迭后不久，那时苏联已经解体，欧洲和德国重新统一。这虽然并非如美国人弗朗西斯·福山所说，“历史的终结”已经来临，却是“极端的年代”以及对20世纪影响多时的意识形态斗争的绝对结束。

勃兰特的一生不仅映射了20世纪争论的各个方面，他本人更是欧洲重要人物之一；他尝试在欧洲整个进程中发挥作用，而实际上也的确产生了影响。作为非常年轻的社会主义者，他曾被一名极端分子所吸引，但并未被其同化。总体来看，勃兰特的政治生涯更准确地说是在与极端分子作斗争，先是希特勒、纳粹主义和法西斯主义，二战之后是斯大林主义。而后他尝试通过协议与共产主义建立政治联系，当然是从联邦共和国的利益出发，但其目的也在于对之进行改造。勃兰特是与极端分子对立的自由的社民党领军人物。

对于20世纪上半叶德国和欧洲的境况来说，年轻的维利·勃兰特的政治履历似乎是针对被弗里德里希·迈内克称为“德国的浩劫”这一历史进程的另一种个人选择。尽管有过一些混乱，他依然主张以民主社会主义和欧洲主义代替导致二战和纳粹罪行的“德国特殊道路”。20世纪下半叶，作为柏林主管市长，他站在了共产主义世界的对立面，到了1960年代后，他试图利用政治社会趋势，通过实用主义政策，在符合双方利益的基础上，缓和意识形态政治敌对，并建立桥梁，以求长远解决德国和欧洲的分裂问题。鉴于全球互赖的增长、南北冲突等新型矛盾以及“世界内政”的重要性，这种分裂似乎已经过时。

瑞士历史学家雅各布·布克哈特将为历史新趋势带来突破的历史人物评价为“历史伟人”。由于20世纪政治社会进程的复杂性，这个概念较难定义。但勃兰特无疑是为战胜“极端的年代”，尤其是解决德国和欧洲的分裂问题，以及设定一个全新的全球化思想作出了巨大贡献的活跃人物之一。

汉斯－彼得·施瓦茨将维利·勃兰特称为“社民党世纪人物”。事实上，勃兰特的成长就始于社民党。他一生都深受社民党传统的影响，但自二战以来却坚定支持该党对新的社会趋势和思想敞开大门，主张社民党现代化，并因此接触了不同的社会群体和立场。从1960年代末到1970年代早期，勃兰特体现了该时期联邦共和国受社会民主主义和社会自由主义影响的觉醒，这种觉醒开拓和引导了社会上广泛的改革意愿，并取得了政治成果，被视为联邦共和国第二个形成阶段至关重要的组成部分。随后几年，他整合社民党，自然有时会陷入与联邦总理赫尔穆特·施密特的对立。1976年末，他出任社会党国际（SI）的主席，赋予了该组织新的价值。

勃兰特经历了20世纪的各个时期及其之间的“断裂”，它们构成了勃兰特的行为背景。那么问题在于，勃兰特的发展阶段有多少与这些时期相符？这个问题很难回答，因为勃兰特复杂多面，绝非一个可以用简单的概念和特征去描述，毫无矛盾或是显露出连贯形象的人。彼得·默泽布格撰写的勃兰特传记可谓迄今为止最为全面的，他给书取的副书名为“幻想家与现实主义者”，指的就是勃兰特思想和行为之间的对立关系。幻想家这一概念意指“预测者”、“渴望者”或“发起者”。彼得·格洛茨和黑尔佳·格雷宾对此打上问号，但格雷宾也承认，“勃兰特对时代潮流和社会进程有着非同寻常的嗅觉”。按照她的评价，勃兰特“有能力发展影响深远的、受理性控制的观念”。但毫无疑问，他也是一名现实主义者，根据事实而行动，从而估量权力现实并懂得如何实现自我主张。尽管其领导风格是综合性的，但他并非不懂政治。

黑尔佳·格雷宾将勃兰特称为“不一样的德国人”，强调他与希特勒、纳粹分子以及其他特定德国传统之间的对立，以此凸显其生平的重要一面。冈特·霍夫曼也如此认为，他称勃兰特是“来自德国的启蒙者”。

勃兰特的个人性格特征获得了较多关注，如他的内向和忧郁。部分性格特征——不少已僵化为陈词滥调——被用来解释其政策，或是与之进行对比。但这本政治传记不属于个人回忆录，因此其核心并不在于勃兰特的个人特征，而是首要关注勃兰特对局势的感知以及在不同时期的政治思想和行为，并对其中的一致和断裂提出问题。在柏林出版的勃兰特信件、演讲、笔记的编者认为，“他的思想和行为具有显著的稳定性”，同时还拥有“面对具体时代要求的高度灵活性”以及“在面临新的挑战时的调整政策的能力”，许多人对此表示赞同。

与个别德国政治家一样，维利·勃兰特在一段时间内产生了两极分化的影响，他既是被寄予希望之人，也是被仇恨的对象，直至今日绝不会被遗忘；有时他还被塑造为圣像，以此怀念被反复再现的那一次下跪——这体现了影像的力量，而该影像必须得到整理和解读。因此，当前的关键在于世纪人物勃兰特的重新历史化。

第二章

吕贝克社民党工人文化的影响

维利·勃兰特于1913年12月18日在吕贝克出生。和他同时期出生的这一代人，虽然捕捉了一丝旧欧洲的世界之光，却未曾在其中生活过，相反，他们在一战的困苦阶段度过了婴幼儿时期，在魏玛时代积累了初步经验，在第三帝国时期经历了青年时光，而在二战中往往未能幸免于难。这一代虽人口大量减少，却承担了主要的重建工作。

有的观点认为，勃兰特与这一代人有所不同。他出生在吕贝克圣洛伦茨的工人住宅区，是十九岁的售货员玛莎·弗拉姆的私生子，原名赫伯特·恩斯特·卡尔·弗拉姆，后来在流亡时期才开始使用维利·勃兰特这个名字。他的亲生父亲是一位叫约翰·海因里希·默勒的教师，他从未与其相认。私生子的身份让勃兰特承受了巨大的痛苦，还在1950年代至1970年代的竞选活动中，被政治对手用作人身攻击。

许多人推测，童年的经历对勃兰特产生了持续影响，年幼的他与其说得到照顾，不如说得到保管；他通常只在星期天去看望母亲。一战之后，他那从战争中归来的非血亲的外祖父代替了他心目中父亲的角色，他甚至称呼其为爸爸。对臆想的父亲替身的追寻，在关于勃兰特的文献中都有所谈及。勃兰特的内向、向周遭事物敞开心扉的困难，以及忧郁的倾向，都极有可能与其童年有关。

赫伯特·弗拉姆生在社民党工人文化中，这对他而言无疑意义重大。自1890年代以来，该文化在帝国中不断发展壮大，包括众多自始至终伴随无产者的组织，其中部分是亚文化，部分是反资产阶级文化。当然，这种文化通常并非想象中的那么封闭。在魏玛共和国时期，阶级矛盾并未消除，而是通过改革政策得到部分缓和，而该文化在此期间得以扩大和凸显。

外祖父路德维希·弗拉姆是一名货车司机，他是社民党成员和工会代表。母亲在消费行业工作，还订购了人民剧院的长期门票。当时人们都在阅读社民党的《吕贝克人民信使报》。年幼的赫伯特·弗拉姆是工人体操运动团体儿童组的成员，后来是工人曼陀林俱乐部的会员。十四岁的时候，他加入"红鹰协会"，一年之后成为社会主义工人青年团的一员，在该组织，民主模式的实践尤为重要。弗拉姆在此受到政治和文化上的启发，很快进入领导层。

极有天赋的赫伯特·弗拉姆得到热心老师的资助，在约翰纽姆文理中学获得奖学金，并于1932年2月参加高中毕业考试，这对其后来的发展意义重大。在未消除尖锐的社会矛盾的校园里，弗拉姆被同学们称为"政治家"。毫无疑问，一边上学一边参与政治活动增强了年轻的赫伯特·弗拉姆的自信心，尤其是他已经开始在《吕贝克人民信使报》上发表关于鹰派、旅行以及其他话题的文章。该报主编尤利乌斯·莱贝尔对年轻的弗拉姆格外关照，他是一名帝国议会成员，尽管早期遭到迫害，仍然成了在第三帝国时期反对希特勒的最杰出的社民党人士之一。

1932 年，德国社会主义工人党帝国机关刊物《斗争信号》上的维利·勃兰特

1931年，赫伯特·弗拉姆与近一半社民党青年一起离开社民党，加入新成立的社会主义工人党。弗拉姆与莱贝

尔之间的密切合作到此结束，两人多年以后才重获联系。同其他或与勃兰特及其伙伴一样左倾，或与霍夫盖斯马尔的社民党青年团圈子一样更倾向民族主义的群体类似，这些年轻人认为社民党已经过时，不满于社民党的僵化、党员的因循守旧，以及党派领导层的防范态度——为了使希特勒和纳粹分子远离政界，他们支持布吕宁不受欢迎的政策。勃兰特一生都在不断批评这种态度，认为这并不能应对社民党自1930年起陷入的困境。最终，坚守普鲁士堡垒的努力失败，巴本发动的“普鲁士政变”导致这时只剩下由社民党领导的布劳恩-泽韦林政府倒台。

批判地来看，勃兰特一方面期盼社会主义工人党这个充斥着左翼社会主义革命思想的小党派能够成为群众型政党，但1932年的帝国议会选举已经说明这只是一个幻想；另一方面他试图解决社民党和德国共产党之间的矛盾，而这从一开始就被认为是失败的。社民党人认为社民党信仰共产主义，共产党人就应当以社民党为指导。事实上，这是一个完全异质的政党，由左翼社民党人、不属于莫斯科方面的反对派共产党人以及青年社民党人组成。实际上，社会主义工人党的成立促使左翼人士进一步分裂。1933年3月11/12日，社会主义工人党在德累斯顿举行党代会，会议决定发起反抗，同时与国际友党建立联系并请求其给予支持。维利·勃兰特在参加高中毕业考试之后作为志愿者进入一家海运公司，成为该党党代会成员，并受委托筹备与挪威工人党的联络工作，最终代替保罗·弗勒利希前往挪威。

1933年魏玛共和国的灭亡、希特勒和纳粹分子的成功，在维利·勃兰特的心头萦绕了一生。值得注意的是，相较于从整个社会进程中，从资产阶级和旧统治阶层的发展中寻求原因，勃兰特更多地尝试从工人运动及其团结的缺乏战略的失误当中寻找根源。工人运动为何失败这个问题困扰着他。

第三章

流亡和反抗中的经验与行动

1933年4月初，权力得到稳固的纳粹开始消除政治对手，上演“改革”。十九岁的赫伯特·弗拉姆——此后通常被称呼为维利·勃兰特——在夜间乘坐渔船，从特拉弗明德前往丹麦洛兰岛的勒兹比，继而去往哥本哈根，然后登上了一艘开往奥斯陆的船。在奥斯陆，他被安顿在挪威工人党朋友的住处。维利·勃兰特的流亡时期从此开始。

逃离吕贝克也引发了一些问题。一方面，如已经被指出的，他用这种方式躲避了追捕——他的一些朋友确实被抓了（纳粹分子对其反对者以各种手段实施报复）。另一方面，他特意前往奥斯陆，是为了在此继续投身社会主义工人党事业，让挪威工人党协助他建立社会主义工人党海外办事处，继而对国际左翼社会主义党派组成的伦敦局[①]施加影响。两个动机并不必彼此矛盾。

根据艾因哈特·洛伦茨的研究，在之后的七年里，除

① 全称“国际革命马克思主义中心”，成立于1932年，反对主流的社会民主主义和第三国际。

了经常前往巴黎、1936年秋冒险前往德国数月、1937年春西班牙内战期间在那逗留数月，以及其他若干次出行，维利·勃兰特都身处奥斯陆。尤其在前几年，他面临被驱逐出境的威胁，因挪威工人党出面干预才得以继续居留。表面上，勃兰特是奥斯陆大学历史系的学生，实际上，他参与政治工作，为各大报刊撰写了无数篇文章，做关于德国国内关系的报告，从事社会主义工人党工作，投身于挪威工人党事业，尤其是青年组织。总而言之，勃兰特在这几年发挥了惊人的积极性。1940年，德国占领挪威，勃兰特的工作被迫中断，他和其他挪威人在短暂入狱之后逃往斯德哥尔摩，并在那里成为挪威和德国流亡者的代表人物。

在这些年，年轻的勃兰特无疑在政治上获得了进一步发展。他通过思潮和政治冲突了解了挪威甚至欧洲。可以说，这是勃兰特政治社会化的第二个阶段，对其产生了极大影响。但在20世纪六七十年代，尤其是竞选期间，正是这几年的经历，使他遭到许多恶意诋毁。

社会主义工人党与挪威工人党

挪威工人党从某种意义上来说是左翼的，因为它属于伦敦局左翼社会主义国际。勃兰特与之建立联系，不仅是为了社会主义工人党这个德国小党派在经历德国工人运动失败之后获得支持（而后也确实如此），还大胆尝试使挪威工人党成为革命党派。受到其导师、社会主义工人党海外领导小组负责人雅各布·瓦尔歇的影响，维利·勃兰特尤其赞同这项战略，因为这是从德国工人运动的失败中得出的重要结论。该战略在一定程度上是极端化的表现，与社民党流亡执委会的《布拉格宣言》如出一辙。这项战略在挪威很快就失败了，这并不令人感到意外。

1936年，勃兰特冒极大风险在柏林逗留，为了加强德国社会主义工人党的骨干力量。1937年西班牙内战期间，勃兰特同样受命支持与社会主义工人党有关联的加泰罗尼亚马克思主义统一工人党，后者主张工团主义。他在此结识了乔治·奥威尔，还经历了共和派力量之间的斗争，尤其是斯大林主义者对托洛茨基派和无政府主义者的清算。勃兰特在社会主义工人党中尤其关注青年工作（许多社会主义工人党人士与勃兰特一样年轻），自1936年以来，他越来越多地在社会主义工人党党代会上目睹教条主义和个人主义的争论，甚至成为争论的对象。勃兰特在回顾过去时，将这些争论评价为必将陷入绝境的宗派主义的表现。战争开始之时，勃兰特终于接手社会主义工人党海外小组的领导工作，这在一定程度上是因为人们认为奥斯陆的地理位置相对安全，但也说明勃兰特已经开始获得重视。

投身于社会主义工人党事业的同时，勃兰特也在为挪威工人党工作。1930年代中期以来，他逐渐对社会主义工人党的政策产生怀疑。同时，挪威工人党日渐明确的改良主义方针对他产生了影响。1935年，挪威工人党组建少数派政府，并在1936年的选举中获得了42.6%的支持率。该党的成功与其转型为中左翼的全民党不无关系，它将工人、渔民、小农、中产阶级和知识分子聚集在一起，展现了相当的政治多样化，其中不仅包括社会主义者，还有共产主义者和自由主义者。挪威工人党尤其强调扎根于挪威传统之中。

虽然勃兰特清楚地看到挪威与德国之间政治社会环境的区别，这使他更易于赞成不同的革命和改良政治路径，但自1937年左右以来，他选择了挪威的（后来也是瑞典的）模式作为榜样，逐渐褪去其左翼社会主义立场。相应地，他也愈发不反对自己被视为社民党人。

在德国的发展

在流亡时期与德国纳粹政权的斗争，对维利·勃兰特而言至关重要。他尝试向挪威和欧洲的公众解释纳粹主义，尤其强调希特勒并不等同于德国。1934年，他成功动员挪威法学家对人民法院针对社会主义工人党党员的诉讼进行批判。1935年，由勃兰特实际领导的委员会四处奔走，最终使1936年的诺贝尔和平奖授予曾多次被囚禁于集中营的卡尔·冯·奥西茨基。即便是在奥西茨基无法领取奖项的时候，诺贝尔和平奖也被颁发给一位公开的希特勒反对者，这对纳粹政权而言已经是颜面尽失。从1936年9月至12月，勃兰特化名为贡纳尔·加斯兰德在德国逗留，负责社会主义工人党的反抗活动，为其增强力量。他的身份在此期间并未被泄露，但政府获悉了他在国外的一些活动，于1938年剥夺了他的德国国籍。勃兰特并未因此而获得挪威国籍，因为他没有定期缴税；但后来他获得了永久居留许可。

1936年在德国逗留期间，勃兰特注意到实际生活条件的好坏会显著影响德国人民的满意度，然而人民的生活条件并非如此糟糕，他也高估了政府与大众之间的距离以及反对派的行动机会。长期以来，他都希望从内部发起反对政权的革命起义，但皆是徒劳。

战争期间，勃兰特身处斯德哥尔摩，是当地挪威和德国流亡者的核心人物。他不仅有机会接触布鲁诺·克赖斯基、缪尔达尔夫妇以及格斯塔·雷恩这样的人物（后来还与他们在国际层面共同合作），而且与德国反抗运动一起推动打倒希特勒的计划，筹划了1944年7月20日推翻希特勒政府的行动。先是特奥多尔·施特尔策于1942年探访勃兰特，随后亚当·冯·特罗特·楚·佐尔茨于1944年6月登门拜访，并带来反抗运动重要人物尤利乌斯·莱贝尔的问候。特罗特询问勃兰特是否愿意继续投身于反抗运动，后者表示了肯定。勃兰特因此在斯德哥尔摩成为反叛者网络中的一员。

战争、德国和欧洲的未来

对于德国和欧洲的未来，勃兰特早在战前的出版物中就进行过探讨，并且在战争爆发之后作了进一步强调。1940年，他的生命安全在战争中受到威胁。对勃兰特而言，问题在于苏联的角色，他试图将其视为欧洲的一部分。

尽管社会主义工人党努力避免工人运动的分裂，勃兰特在很早便批评德国共产党和共产国际是苏联外交政策的工具。不过流亡初期，他仍然对吸引了部分左翼分子的苏联产生了由意识形态决定的，因而天真的评价。他与许多人联名，呼吁组成人民阵线，随后却发现这是“没有民众的人民阵线”。西班牙的经历以及对莫斯科公开审判的相关报道——虽然他未曾真实感受这样的暴政——加深了他对斯大林政策的怀疑，但西方强国对希特勒的让步使勃兰特感到极为失望，因此，他在与纳粹主义的斗争过程中总是对苏联寄予希望。然而，希特勒与斯大林之间的协定（尽管勃兰特并未获悉秘密附加协定）以及苏联于1939年11月底对芬兰发动的进攻，严重动摇了勃兰特对苏联的信任。因此他加入挪威援助芬兰的行动，且将苏联视为一个帝国主义强国。后来，希特勒对苏联发起战争，苏联加入反希特勒联盟，勃兰特的态度随之改变，苏联似乎再次成为与希特勒斗争的支柱。战后时期，他不仅期盼同盟国联盟能够得以延续，而且希望苏联的内政和外交政策都能有所转变，但他很快就意识到自己的错误。

自1939年以来，勃兰特一直在思考一个问题：德国和欧洲在战后应如何继续前行？1939年12月，他发表了一篇关于欧洲统一梦的文章，主张形成一个共同的欧洲联邦，它可以通过区域联邦逐步实现，就像斯堪的纳维亚联邦一样。德国应当属于这个欧洲，即一个“欧洲的德国”（托马斯·曼对此持相同主张，并对该概念产生了重要影响），勃兰特构想的德国与意图称霸欧洲的德国形成强烈反差。

勃兰特在瑞典与同盟国建立联系时，获悉了国际社会关于德国未来的讨论。丧失领土是可以预见的，比如东普鲁士地区，但他对德国分裂提出警告。他也猛烈抨击主张严惩德国人的范西塔特主义[①]，不过他对纳粹主义的否定毋庸置疑。

勃兰特以其特殊的方式关注着德国。另一方面，他已经在挪威扎根。年轻时期的女友格特鲁德·迈尔跟随他从吕贝克逃往奥斯陆。1939年，两人分手。1941年，勃兰特与做出版工作的卡洛塔·索尔基德森结婚，她是一名挪威工程师和一个美国人的女儿。后来，勃兰特的第一个孩子宁亚出世。几年之后的1944年，他与挪威人鲁特·伯高斯特（原姓汉森）在一起，战争结束后两人在柏林成婚。

对纳粹政权的反对导致了勃兰特的移民和抵抗，那段时期的经历对其后来的政治生涯意义重大。首先，它将这位来自无产阶级的年轻的吕贝克人的眼界拓宽至欧洲政策的层面。他在理论上和实践上都放弃了受限的民族视角，转而以国际为导向，学习理解其他国家和文化，分析和评价国际政治进程。同样重要的还有语言学习（勃兰特极富语言天赋），以及培养对于当时而言非同寻常的世界主义视角。正如赫尔穆特·施密特后来所说，勃兰特“在人生经

① 由1930—1938年间担任英国外交部常务次官的罗伯特·范西塔特提出的恐德学说，认为自普法战争以来，德国战争领袖的行为都得到了全民支持，因此必须将德国永久非军事化，实行政治孤立。

验上远远领先”于同辈人。

其次，在流亡时期的各种活动中，勃兰特认识了许多来自斯堪的纳维亚以及其他欧洲国家的重要人物。这些人在战后数十年拥有重要地位，勃兰特与他们维持了有利于其政治发展的交际网。他尤其吸收了斯堪的纳维亚社会民主主义及其政治文化的基本原则，以及妥协的能力。

再者，在勃兰特与许多战后德国政治家的矛盾中，纳粹时期的经历并未造成其负担，相反，希特勒反对者的身份使其远近闻名。然而在五六十年代，这种优势在部分同胞眼中反而变成了缺点：他站在“民族共同体”之外，不少人将其视为民族叛徒。1961年2月，弗朗茨·约瑟夫·施特劳斯在菲尔斯霍芬表示：“有人会问勃兰特先生，您在外十二年究竟都做了什么？我们很清楚我们在国内做了什么。”与希特勒的对抗对其一生意义深远。1969年，勃兰特在大选中获得胜利，他认为这意味着希特勒永远地失败了。

第四章

冷战期间的柏林政治家

战后初期

战争结束，纳粹的统治也随之终结，维利·勃兰特与其他移民面临着一个问题：是否可以或者是否愿意回到德国？如果答案是肯定的，那么何时回去？答案取决于各种因素，也取决于他们是否已经在移民国扎根。维利·勃兰特与挪威之间有着许多个人联系，友情以及同该国工人运动的政治协作，这些使他在挪威感到宾至如归。此外，被取消德国国籍的勃兰特在此期间已经成为挪威公民。但是，德国发生的事情一直困扰着他，它们构成了勃兰特在移民期间思想和行动的中心。1945年至1947年对勃兰特而言是寻找方向的阶段，面对德国战后的具体情况，他开始重新审视自己的政治评估，寻找新的工作场所，最终选择了充满争议的战后柏林。

1945/1946年，勃兰特回到已被严重摧毁的德国，为斯堪的纳维亚报刊报道纽伦堡审判。他经过不来梅来到家乡吕贝克，一片废墟的景象使他震惊，他在此重逢了母亲和同母异父的弟弟。勃兰特对他们尤为感兴趣的是，在此期间他们对纳粹罪行有哪些直接了解。纽伦堡是战争罪行审判的地方，也是他了解德国现状的出发点。勃兰特将结果记录在其为斯堪的纳维亚公众撰写的书籍《罪犯与其他德国人》之中，该书于1946年在奥斯陆出版（在针对勃兰特发起的运动中，该书的书名《罪犯与其他德国人——1946年来自德国的报道》曾被蓄意曲解。德语版节选篇章出版于1966年和1972年，完整德语版在2007年才得以出版）。这本杰出的书不仅仅是对纽伦堡审判的报道，也是尝试对德国社会卷入纳粹体制及其犯罪行为进行的初步诊断，并对德国政治心理状况进行了评估。毫无疑问，这本书的写作对勃兰特而言也是整理、加工自己的印象，并且得出政治结论的一种方法。

在书中，勃兰特阐述了这场在德国充满争议的战争罪行审判的理由和根据，并记录了侵略战争、在东西方所犯下的罪行、大屠杀等。勃兰特毫不怀疑这项罪行的独特性，有别于“普通的”战争罪行，它是为了达到该体制的某种目的而实施的。勃兰特认为有理由追究纳粹领导集团的责任。另一方面，他认为更重要的是区分对该罪行负责的纳粹分子与其他德国人。因此，勃兰特以就当时的知识水平而言令人印象深刻的方式，描述了德国对希特勒的广泛抵抗：从工人运动到部分教会，再到参与7月20日反抗运动的个人。他强调德国反抗运动的特殊性：与其他国家出于民族主义动机反对异族统治不同，德国的反抗运动针对独裁政权，从民主和道德的角度来看是合乎情理的。勃兰特一如既往地反对范西塔特主义，认为该主义与纳粹政权如出一辙；他还反对集体罪责论，即使他基于自身经验，也承认德国民众对希特勒上台以及后来事态的演变有着共同责任。

勃兰特对当时的局面进行深入探究，为德国人争取理解。他再次警告防止德国分裂，批评驱逐德国人的行为，尤其是驱逐苏台德德国人的极端非人道行为，对此他进行了相关报道。显而易见，勃兰特打算重新规划自己的政治生涯，继续编织“德国历史的自由之线”。他认为使德国融入欧洲有着关键意义：“纳粹分子企图将欧洲德国化。如今关键在于，使德国欧洲化。”

勃兰特再次站在完全独立的立场，与同盟国的政策趋势背道而驰。大部分德国人只关心日常问题和自身之苦，与之不同，勃兰特放眼整个欧洲。

从纽伦堡回到挪威之后，勃兰特立即接受了挪威外长的任命，出任挪威驻柏林新闻专员。这项任命从一开始就不符合他的期待，夫人鲁特也对此不满，为占领国政权工作让她感到不悦。勃兰特主要与德国圈子来往，并参与了这个分裂的城市发生的事件。他继续试探在战后德国工作的机会，主要是政治和新闻领域的职务。1947年10月，他最终被问及是否愿意作为社民党执委会代表在柏林工作，执委会目前位于汉诺威。该职位负责联络同盟国各个机构，以及与外国宾客和记者进行会谈。他欣然接受，并且重新获得德国国籍。勃兰特必然知道社民党对他有所保留，在移民圈子的推动下，党将他视为一名德国流亡者代表。因此，对于是否吸收他进入党执委会，直到1948年1月都仍未作出决定。在这一年里，同盟国之间的矛盾急剧上升。勃兰特如今已经是德国方面的活跃人物。1949年，他作为柏林市代表列席德国联邦议院（直至1957年），从1950年开始成为柏林市议会议员。

与苏联的斗争

维利·勃兰特一定未曾料到，他会在好几次风潮中，在各个层面遭遇苏联及其在柏林的要求。对反苏感到陌生的他勇于正视矛盾，尽管直至战争期间他也希望避免工人运动分裂，在欧洲走出第三条道路。他见证了社民党和德国共产党的合并，见证了柏林封锁以及1953年6月17日发生的事件；他以不同的身份加入保卫柏林、保卫西方的行列，重新确定自由的，尤其是民主社会主义的立场。

苏联占领国通过强迫和欺骗的手段以及非自由民主的决策方式，使得社民党与德国共产党合并成立德国统一社会党，加上西柏林社民党人与之进行的对抗，勃兰特因此放弃了长期以来追求的依循社会主义工人党路线开展全新工人运动以超越旧矛盾的想法。勃兰特从前的导师雅各布·瓦尔歇如今选择了德国统一社会党和民主德国，两人久未联络，已经彼此疏远。1946年4月30日，勃兰特在给他的书信中写道，通过非民主的手段与残暴的方式达成合并，德国统一社会党的成立绝无可能是自由的决策。勃兰特坚定地认为，基本权利与民主不是权宜之计，而是“首要的原则性问题”。

勃兰特设想开展同盟国间的广泛合作，在欧洲搭起一座桥梁，但他很快意识到，这种设想同样被现实超越。1948年的布拉格政变以及柏林封锁使他最终明白，东西方之间并没有“第三条路”可走，也不可能搭建桥梁（1949年3月，勃兰特果断指出该结论）。这两起事件，尤其是柏林封锁，使他更加支持恩斯特·罗伊特和西方社民党人。

自1947年以来，勃兰特在柏林结识了一些社民党的重要人物：路易丝·施罗德、保罗·勒贝、古斯塔夫·克林格尔赫弗、保罗·赫兹、汉斯·希施费尔德以及弗朗茨·诺伊曼。勃兰特从前在吕贝克的老师后来也参与了反抗行动，而他正是在老师的遗孀安内多蕾·莱贝尔的家里，结识了恩斯特·罗伊特。据勃兰特回忆，罗伊特对他在柏林的那些年“意义重大”。罗伊特逝世之后，他与里夏德·勒文塔尔共同撰写了关于这位魅力超凡的市长或者说“主管市长”[①]的个人传记。罗伊特是战后柏林的领军人物。毫无疑问，他对封锁时期及之后西柏林的自我主张至关重要。

勃兰特维系着与罗伊特之间的私人关系，很快被视为

① 柏林主管市长是柏林州和柏林市的政府首脑，由众议院选举产生，可委任两位市长担当副手。

"年轻的罗伊特"。勃兰特认为他们有着类似的生活经历与政治主张，尽管罗伊特比他年长近二十五岁。两人都曾经历过动荡的过往，都曾短暂地代表坚定的左翼立场。虽然罗伊特同样曾经加入社民党，但他在俄国东线受伤被俘之后开始信仰布尔什维克主义，为德国共产党工作。后来他因党派方向斗争而退出，重新加入社民党。两人都在纳粹时期被迫"在外"：罗伊特在土耳其做一名城市规划员和大学教师，而勃兰特在挪威。

罗伊特在魏玛时期就职于柏林市议会，负责交通政策（如今他推荐年轻的勃兰特出任该职，但被其拒绝），后来担任马格德堡市长，但在1933年被纳粹撤职。战后，苏联人不愿批准其柏林民选市长之职，但他后来仍在西柏林出任市长，该职务很快在此被称为"主管市长"。在封锁时期，罗伊特站在联邦议院大厦门前阶梯上面对三十万人，呼吁"世界人民"看看这个城市，让他们意识到"不能放弃"这个城市，使柏林成为"自由的前哨"和自由世界的象征。柏林险些丧失自由世界的未来。他支持向西方和美国一边倒的方针，因为在他看来，只有这样才能实现"民主发展的权利"。正因如此，他在与各州州长会面时明确主张建立一个有行动力的西方国家。

勃兰特支持罗伊特的立场，也支持其为使西柏林成为联邦共和国联邦州而作出的努力，但这无疑遭到了西方强国的抗议。之后，在勃兰特作为柏林代表列席联邦议院期间，该问题也未获得任何进展，阿登纳对此事表现得尤为谨慎。

1940年代末，勃兰特开始对苏联进行批判性的检视，并发展出其西方立场。他认为社会主义只有在西方，即在尊重民主法治的前提之下，才可能实现。因此，勃兰特致力于由美国方面推动的“文化自由代表大会”也就并不令人惊讶，该大会旨在从广义的左翼立场出发，推动知识分子有根据地对苏联的意识形态和实践经验进行检视。1950年成立于西柏林的文化自由代表大会将社会主义者、社会民主主义者、左翼自由主义人士，以及早期的共产主义者（“叛徒”）聚集在一起，使他们在对自身经验进行批判性的回顾中认识到其根本任务。该群体对东西方意识形态冲突有着绝对的战略意义。

维利·勃兰特既在哈罗德·拉斯基出版的大会运动联合报刊《月》上发表文章，也曾在1950年柏林举行的大会上发言，众多欧洲知识分子以及挪威工人党总书记等人都参与了此次大会。据历史学家米夏埃尔·霍赫格施温德所说，勃兰特是大会德方执委会成员。除了卡洛·施密德，勃兰特是大会中最重要的社民党代表。勃兰特和施密德两人代表着西方自由主义的共识民主以及欧洲思想的推进，因此两人都是社民党政策的改革者。作为一个在理论上和文化上对共产主义进行高要求批判的组织形式，大会在冷战期间扮演着重要角色。但它与反共主义明显不同，后者与保守的社会利益和意识形态紧密相关。

1949 年 5 月 8 日，维利 · 勃兰特在柏林州社民党党代会上作题为《民主社会主义的基础》的演讲

尽管东西方之间正在形成对抗，维利 · 勃兰特始终以欧洲为导向，恩斯特 · 罗伊特也持类似观点。在1947年杜塞尔多夫社民党党代会上，勃兰特已经主张欧洲统一以及融入西方民主国家共同体。两年后，在1949年汉堡联邦党代会上，勃兰特赞成联邦共和国加入欧洲委员会，这与库尔特 · 舒马赫以及该党大多数人的意见相悖，但与该党市长派，即柏林的恩斯特 · 罗伊特、不来梅的威廉 · 凯森、汉堡的马克斯 · 布劳尔意见一致。然而他也认识到西欧“反动天主教结盟”的危害，在该问题上，他与舒马赫之间并无太大差异。区别主要在于，舒马赫出于对德国分裂局面的考虑，认为欧洲政策只能局限在国家框架之内。

维利 · 勃兰特也认为重新统一是头等大事，因为他在柏林曾亲身感受德国分裂导致的具体后果。作为柏林委派的联邦议员（由市议会推选，而非市民），勃兰特首先是柏林代表，但除了柏林之外，他还要关注“苏占区”（当时的概念）民众处境的相关问题。1953年6月17日发生的大型罢工和示威游行运动，是一场针对东德政权的人民起义，是民主德国特别重大的事件之一。赫伯特·魏纳与维利·勃兰特在联邦议院对此次事件进行了明确解释。他们强调此次起义具有无产阶级特征，其目的是争取自由、社会变革以及解决德国分裂问题。在他们看来，民族革命的意愿基本上已经凸显。勃兰特说，持社会民主主义观念的工人们不愿向“第二副独裁枷锁屈服”，他们也批评西方未曾为解决德国问题付出实际努力。勃兰特借此机会尖锐地指出，社民党比“任何一件欧洲的小衬衣”都要更加贴近“整个德国的皮肤”，但他与罗伊特一样明确主张向西方靠拢。1954年勃兰特写道，6月17日是“一次对德国同胞、对整个世界的迫切呼吁——德国不能再继续分裂下去”。在社民党的倡议下，6月17日成为国庆日。

在1956年匈牙利事件的背景下，勃兰特在随后数年对苏联进行了尖锐的批判。但他在一次集会中第一次体会到，针对民主德国政权的抗议很容易导致冲突对抗，其中难免发生流血事件。勃兰特最终成功阻止了年轻群众发生暴力冲突。对他而言，关键在于坚持不懈地寻找具体的解决方法。

要求社民党对外开放以及党内矛盾

1949年和1950年，维利·勃兰特不仅获得联邦议院以及柏林市议会的席位，还在社民党担任职务。1950年，他成为维尔默斯多夫的社民党区主席以及柏林党派报刊《社会民主党人报》总编辑，该报于1951年被《柏林之声》周报替代。受到恩斯特·罗伊特的鼓舞，也为了在柏林社民党赢得一席之地，勃兰特于1952年在州党代会上与弗朗茨·诺伊曼竞争州主席之位，却以明显劣势败选。两年后他竞选同一职位，以微弱差距再次落败——仅差两票即可获得多数支持。但不难看出，他的支持率在快速增长。1955年，与诺伊曼及其支持者的意愿相悖，勃兰特出任市议会议长，并在1957年当选为主管市长。1958年，他在社民党州主席竞选中成功打败诺伊曼。

从这些日期不难看出，维利·勃兰特的政治升迁伴随着激烈的斗争，包括与党内对立派之间的斗争，他们的政策路线有着不同的党派构想和文化行为模式。

早在1949年5月8日，即德国投降四年之后，三十五岁的勃兰特在柏林州党代会的主题报告中阐述了其“民主社会主义”立场，它有别于社民党的传统主义与教条主义。民主社会主义并非思想封闭的体系，它“既非教会替代物，亦非世界观”，其拥护者没有义务信仰某种宗教或哲学信条，而是建立于一种“共同的人生观”基础之上，以自由、人文主义、法治国家、社会公平等为基本原则。勃兰特显然采用了战后社民党的某些基本决策，这些决策参照了康德哲学的基本原理。他主张形成一个开放的政党，政党核心是工人群众，另外应当吸收职员、公务员、农民和知识分子。在斯堪的纳维亚的经验对他的影响显而易见。

与其他来自外部、左翼或是市民阶层的改革派社民党人一样，勃兰特也很难与社民党传统主义共处，柏林的党主席弗朗茨·诺伊曼就是该主义的代表。双方之间的竞争无疑对局势产生了影响。诺伊曼出生于金属加工工人家庭，是一位有能力且受欢迎的工人领袖，对西柏林社民党人反对被迫合并的自我主张起到关键作用。1950年代，他试图站在民众的对立面维护战后初期柏林的政治成果，对柏林接受联邦法律提出批评。而罗伊特和勃兰特的主张与之相反。

诺伊曼与在汉诺威的党执委会合作密切，因此他与勃兰特之间的矛盾甚至超越了柏林范畴，延伸到联邦政治的层面。勃兰特对社民党的某种小市民狭隘、因循守旧的趋势，划分反文化和亚文化的倾向感到不满，认为它们限制了党。他自己的生活方式及夫人鲁特的优雅时髦则让这些人为之愤怒，两人都是新闻界的关注对象、林荫大道上的焦点和画报画刊的宣传题材。

对勃兰特流亡时期的偏见和指责在右翼圈子广泛散播，在一些社民党人当中也引起了反响，勃兰特与夫人鲁特对此感到非常恼怒。1957年勃兰特出任主管市长之时，对他的诽谤仍未停止。

但勃兰特的支持率也在增长，他在党内的拥护者包括年轻的政治学家克劳斯·许茨，后者帮助他在党代会上争取多数票。自1956年以来，勃兰特在党代会上开始获得明显多数支持。施普林格出版社对他在柏林的上升至关重要，这位与柏林融为一体的新兴政治家在这些年通过该出版社声名大噪。

维利·勃兰特只是通过柏林市议会议长以及柏林主管市长选举才在联邦层面获得巨大突破，但在这之前他已被视为社民党改革和开放的先驱之一。他与摈弃了传统主义"负担"的卡洛·施密德、致力于提升社民党对传统阶层以外群体的吸引力的巴伐利亚州社民党主席瓦尔德马·冯·克内林根以及曾被誉为社民党国防专家的弗里茨·埃勒尔等人齐名。总体而言，改革者是少数派。埃里希·奥伦豪尔代表了大多数人的意见，他在魏玛时期与党保持联系，在流亡时期为党作出卓越贡献，但他不愿顺应变化的局势。勃兰特在1954年和1956年联邦党代会执委会选举中落败，从中可以看出，勃兰特代表着少数派立场，与弗朗茨·诺伊曼及其羽翼的斗争并非只让他得到了认可，也给他带来了反对。只是到1958年斯图加特联邦党代会上，勃兰特第三次参与竞选，才成功加入社民党联邦执委会。在此期间，他不仅成为柏林主管市长，而且由于在1957年联邦大选中，阿登纳和基民盟以绝对多数获胜，社民党严重失利，勃兰特所属的改革派力量得到了增长。

1958年，社民党在斯图加特进行改革，极大限制传统机构的作用，包括废除专职的执委会成员。社民党如今由主席团领导，在联邦议院党团中担任要职的社民党人在主席团中起主导作用。1959年巴特哥德斯堡党代会更为重要，此次会议出台了以该地命名的新基本纲领。自此以后，该纲领在联邦德国不仅等同于对传统立场的果断背离，还意味着向推崇改革政策的现代化纲领的转变。

值得注意的是，就勃兰特及其他改革者的希望而言，一份新的行动纲领已然足够。显然，他们担心新的基本纲领将重回意识形态立场，但改革派的立场占了上风。尽管勃兰特与其他改革者并非《哥德斯堡纲领》的起草者，但他们在1950年代的讨论为哥德斯堡党代会铺平了道路。这次党代会放弃了传统社民党的历史信仰，不再坚持通往社会主义的必经道路。与勃兰特关于民主社会主义的思考类似，社会主义现今被定义为以某些基本价值不断形塑构建政治和社会的任务，社民党政策的多元化最终得到论证且被确定在纲领之中，使得教会的社会角色有机会得到承认。此外，纲领提倡一种受到社会驯服和全球管控的市场经济，将社会主义等同于不局限于国家框架的一贯的民主。

勃兰特在哥德斯堡党代会上的发言表示，纲领有助于澄清社民党某些扭曲的形象，例如社民党“在痛苦地经历了全能政体之后”，将自身展现为“英勇的民主自由运动”。另外，他也强调自决权的重要性，这对纲领中的德国政策和外交政策具有核心意义。

即使勃兰特并未完全被视为《哥德斯堡纲领》之父，

但他后来赋予了以该纲领为基础的政策独一无二的面貌。

柏林墙修建时期的柏林主管市长

奥托·祖尔去世之后，维利·勃兰特于1957年10月被选为柏林主管市长。这无疑是一个异常艰难的职务，其要求甚至超过百万人口城市的市长或州长，这是柏林的特殊问题及其特殊存在的框架条件导致的，它们使得该城市成为东西方矛盾以及“德国特殊冲突”(里夏德·勒文塔尔语)的目标。实际上，主管市长不仅关乎德国政治，也要积极参与国际政治。维利·勃兰特获得了一些能人的支持，其中包括克劳斯·许茨、海因里希·阿尔贝茨、迪特里希·施潘根贝格以及埃贡·巴尔。很快，他们与勃兰特一起被柏林公众称为“神圣家族”。

内政上，勃兰特必须着力于西柏林的繁荣发展，以及该城市外在生活条件的提升。因此，他反对西柏林与东柏林各自发展，并且早已提出支持该城市东西方“技术部门”之间进行对话。但很快柏林冲突急剧尖锐化。苏联党和国家领导人尼基塔·赫鲁晓夫于1958年向西方和西柏林发布“最后通牒”，要求在六个月之内将西方盟国军队撤出西柏林，使之成为非军事化的自由城市，并且威胁要将西柏林变成民主德国的一部分。赫鲁晓夫宣称，若该要求遭到西方国家的拒绝，苏联将单独与民主德国缔结和平条约，将联邦德国和柏林之间的边境道路管控权移交给民主德国，该要求显然违背了国际法。赫鲁晓夫的政策影响了西柏林与联邦德国之间的联系，勃兰特认为其目的在于将西柏林“划入”民主德国。

1958年，柏林主管市长维利·勃兰特在勃兰登堡门前

勃兰特和柏林人拒绝了“最后通牒”，认为该设想会终结自由的柏林。尽管柏林在围绕该城市进行的隔离冲突中几乎完全不能进行军事防卫（如弗朗茨·约瑟夫·施特劳斯所断言），但西方盟国也拒绝了赫鲁晓夫的要求，让苏联领导层的期待落空。勃兰特称，西方国家事实上再次扮演了“保护国”的角色。1958年12月举行的市议会选举以93%的选举参与率创下了最高纪录，说明反抗方针获得了民众支持。52.6%支持勃兰特和社民党，基民盟仅获得37.7%的支持率，其他党派都未能突破5%的门槛——统一社会党的支持率为2%。该结果被视为勃兰特的个人成功，他在短时间之内获得了超高人气，并且跻身社民党政治家最前列。

之后，勃兰特在国际上竭力宣传柏林这个城市。在联邦政府的支持下，他首先前往西欧国家首都。1959年2月至3月，在夫人鲁特的陪同下，勃兰特进行了为期一个月的环球出访，第一站是美国。美国之行被称为“勃兰特夫妇一次成功的友好访问”（艾因哈特·洛伦茨语）。他在各地为柏林争取支持，并被国际社会视为未来的德国政治家之一。事实上，党内很快有人提出推选主管市长勃兰特代表社民党参与联邦总理竞选，决议在1960年11月汉诺威党代会上最终通过。

虽然克里姆林宫撤回了“最后通牒”，但柏林危机仍在持续。社民党试图借此机会将德国问题提上日程，却未能成功。从东德经柏林逃往西方的难民数量急剧增加，统一社会党认为这是柏林问题的关键所在。勃兰特预感长此以往会让对方无法接受。不过1961年4月13日，当东边封锁边界并开始修建柏林墙，勃兰特还是被惊到了，他在获悉该消息后随即中断竞选游行。

1961年8月13日之后，勃兰特身处柏林事件的焦点。他必须表达出柏林人的愤怒，同时也必须引导他们的愤怒，避免其攻击建筑工人或边界军队，否则将给和平招致难以估量的后果。勃兰特发表尖锐的声明，“在整个世界面前控诉这些违法的、不人道的手段”，并尽力促使西方作出恰当的反应。一开始西方保持沉默，继而只是稍作回应。因此勃兰特决定给美国总统约翰·肯尼迪写信，信中他虽然强调了西柏林市民一如既往的反抗意愿，但也提到了“对西方国家的信任危机”所带来的危害。他反对完全防御性的回应，这会让东柏林政权过度自信。勃兰特认为恢复四国责任的要求是恰当的，也认为这需要“明确的说辞”，即“对西方国家而言，德国问题并未终结，他们会继续坚持强调符合德国人民自决权以及所有参与者安全利益的和平规定”。最后，他建议示威性地扩充美国驻德国部队。总体而言，这封信虽违反外交礼仪，但的确是出于对柏林的担忧。勃兰特承认，“像给朋友写信一样，坦诚相见，相互信任”。8月16日，勃兰特在三十万人面前宣称：“柏林期待的不只是允诺，柏林期待着政治行动。”

肯尼迪总统虽然对这封信感到不悦，但他不仅给勃兰特回信表示，以和平的方式消除“粗暴的边境封锁”是行不通的，并且派出副总统约翰逊和克雷将军前往柏林。克雷将军曾执行美占区军事政府的空中走廊计划，如今被任命为美国驻柏林特派员。此外，肯尼迪还派遣一千五百名士兵扩充美国驻西柏林部队，且示威性地经过“跨区高速

1962年10月，维利·勃兰特与约翰·肯尼迪在白宫会面

公路”前往柏林。约翰逊甚至在联邦总理阿登纳之前抵达柏林，在那受到了民众的热烈欢迎。但之后数周甚至数月的情况却十分危急。柏林墙附近发生多起悲剧，民众多次威胁进攻柏林墙，这可能会导致一场血战。因此，勃兰特被迫采取直接行动，最终成功稳定了民众的情绪。

勃兰特无法接受柏林墙附近发生的暴力行为，因此提议成立州司法管理局登记处，负责证据保全和追究责任。该机构位于萨尔茨吉特，于1961年11月开始履行职责。

1962年，正值古巴危机最严重的的时候，美苏双方出动装甲部队在查理检查站对峙，柏林局势再次尖锐化。但两个超级大国都不愿在柏林爆发战争，双方关系再次缓和。1963年6月，美国总统肯尼迪访问柏林。在维利·勃兰特和年老的康拉德·阿登纳的陪同下，肯尼迪乘坐敞篷轿车经过柏林，一路上如同在进行凯旋游行，其象征意义产生的长久影响不亚于肯尼迪在舍嫩贝格市政厅前说的那句名言：“我是一个柏林人。”这句话表明了其与柏林站在同一战线的立场。

柏林墙的修建对维利·勃兰特而言是一次冲击，他无法接受这样的情况。西方三国的不抵抗行为使他大为震惊。勃兰特认为这样毫无意义，他与埃贡·巴尔及其他顾问得出结论，只能寄希望于其他政策。他开始着手小步政策，与东柏林商议，允许西柏林人在某些节假日进入东柏林。这项在现状基础上缓解双方关系的政策，被埃贡·巴尔随后称之为“以接近求转变”，1963年7月他在图青的新教学院对此进行了讲解。此次大会上，维利·勃兰特也在其影响深远的演讲中阐述了自己的政治观点。这是在重大矛盾面前的可为之事。即使承认了柏林的现状，仍应该对其进行调整和改变，为了分裂的德国人民，也为了以后的长远关系。

因此，新东方政策开始在柏林萌芽。但该政策的成形是一个过程，在这个过程中，勃兰特总是将德国问题的解决与东西方关系联系起来。

勃兰特的柏林立场在1963年市议会选举中得到进一步巩固，社民党获得了不低于61.9%的支持率。勃兰特不仅承担了柏林墙修建后两德问题以及外交政策的后果，还尝试为城市开拓新的生活前景。他与悲观主义对抗，领导参议院为柏林制定纲领，大力推动住房和交通基础设施建设，并通过减税促进柏林的居住和投资，推动经济发展。勃兰特成功争取了有能力的政治家进入参议院：负责经济领域的卡尔·席勒，负责科学领域的阿道夫·阿恩特和维尔纳·施泰因。勃兰特早就意识到柏林可能会面临地方化问题，于是他们为柏林探寻新的角色，或是充当东西方交涉的枢纽，或是文化中心城市。

通观1957年至1966年勃兰特的主管市长任期，可以说，他成功应对了因统一社会党政权修建柏林墙而必须面临的挑战，却给自己带来了更加艰巨的任务。

第五章

在变化的时代中探寻新的道路

对维利·勃兰特而言，1950年代末越来越多的迹象表明，1940年代形成的两极世界格局已经有所变化。当然，柏林危机、柏林墙修建以及古巴危机使得东西方冲突达到危险的最高峰，但赫鲁晓夫早前已经公布其“和平共处政策”。肯尼迪现今希望通过和平战略促进东西方关系的缓和。无论是西方（法国的戴高乐）还是东方（例如南斯拉夫和罗马尼亚），同盟之间开始有所松动。同时，西方社会开展新的运动，试图改变战后的社会结构。这些征兆都意味着变化。

在柏林这个东西方冲突的重要场所，维利·勃兰特不仅是时代的见证人，还是1960年代那些通过解决分裂问题努力寻求缓和道路的人中的一员。同时，他勇于面对新的社会发展挑战，并尝试给出合乎时宜的政治回应。

总理候选人与现代化政党主席

1960年11月，维利·勃兰特在汉诺威党代会上被推选为1961年联邦大选的总理候选人。此前社民党曾推选党主席库尔特·舒马赫和埃里希·奥伦豪尔为首席候选人，若在选举中获胜，其将成为联邦总理。但非党主席的总理候选人在德国政界并不多见。候选人的个人品格尤为重要，党派的意识形态和纲领立场反而退居次要地位。总理候选人的推选需要与政党的改革一致（压制党的机构而支持姿态鲜明的官员和选任官员），遵循《哥德斯堡纲领》(它放弃了意识形态立场，采用了改革派以价值为导向的实用主义政治理解），以及适应社民党政治风格的变化（该党正日益将自己呈现为当代领先的现代化政党）。

维利·勃兰特在柏林面临重重困难，加入波恩社民党执委会遇阻，却意外被提名为总理候选人。1957年联邦大选惨败之后，改革派势力在社民党内影响扩大。1959年7月，党主席埃里希·奥伦豪尔宣布不会作为首席候选人参与下一届联邦大选。因此社民党成立了由改革派主导的七人委员会以推选候选人。除了奥伦豪尔，委员会成员还包括马克斯·布劳尔、维利·勃兰特、卡洛·施密德、弗里茨·埃勒尔、赫伯特·魏纳以及海因里希·戴斯特。起初，宪法学教授卡洛·施密德最有希望成为候选人，他在基本法的制定过程中扮演过重要角色，在联邦议院对外交政策问题开展辩论时，他还是重要演说者之一。他是一名知识分子，同时也是一名改革者，在社民党传统选民阶层中声望极高。1959年底，社民党已经开始认真考虑推选勃兰特为候选人，原因一方面在于对卡洛·施密德的保留态度，另一方面是勃兰特的个人形象。相比之下，勃兰特更加年轻，与老态龙钟的阿登纳总理形成鲜明对比。他代表了新的社民党，在1958年柏林选举中以52.6%的支持率大获全胜。此外，赫伯特·魏纳的支持也是勃兰特获得提名的重要原因之一。

1960年11月25日，勃兰特在汉诺威党代会的发言中概述了自己作为总理候选人的自我认识。他要求总理完全独立于政党，不能简单作为“党派意志的执行者”，而必须负起自己的责任，制定符合整个国家利益的决策。自此以后，总理候选人对政党拥有了一定的自主权。

勃兰特在汉诺威谈到了自己的生活经历，因为他知道，对社会上大多数人而言，他的经历具有特殊性，他在柏林曾因此遭受抨击。一方面，他捍卫自己“坚定不移”反对纳粹政权的立场；另一方面，他尝试搭建桥梁。德意志民族必须相互和解：“我们必须对罪责和错误进行一定程度上的区分。我们每一个人都知道过去这些可怕的罪行。我们也了解有多少理想主义被滥用。没有人可以不犯错误，每个人都应该在指责他人之前发现自己的错误。”对于德国历史，他认为：“有很多原因造就了今日的德国。奥托·冯·俾斯麦、奥古斯特·倍倍尔、弗里德里希·埃伯特、古斯塔夫·施特雷泽曼、尤利乌斯·莱贝尔、施陶芬贝格伯爵、恩斯特·罗伊特，以及特奥多尔·豪斯，他们都属于这个民族。沉默无法让人忘记希特勒这个名字所带来的恐惧……对于这种诱骗群众的社会渣滓，仅仅靠严格的刑法条款是不够的。但民众愿意接受百万次牺牲的心态却不容指责，因为它们只是被人以卑劣和罪恶的方式滥用。”对纳粹罪犯的大范围必要清算直到近期才开始，勃兰特尝试在它与依附者的辩解之间找到平衡，希望减少一再发生的对抗行为。由此看来，他的经历似乎也成为一个政治问题，作为总理候选人，他需要与之进行斗争。

勃兰特提出用“新式政策”取代对抗，追求一种“中立平衡和真诚合作”。为此，他要求“执行重要的共同任务”，尤其是内政事务。其重点在于，通过新的卫生政策改善公民健康；进行城市修整和交通系统改建，使其适应将来的需求；扩充教育设施，以实现机会平等，“根据每一个人的资质来发现和促进”其能力和才华；其他主题还有老年人政策和环保政策等。环保政策要求“鲁尔区的上空”必须重现蓝天，这让当时的公众瞠目结舌，因此显得有些可笑和讽刺。

虽然社民党的印记很清楚，但这是一份极其明显的改革主义纲领，与基民盟政府的政策相比，更加注重公共利益与共同体利益，而非私人利益。值得注意的是，在外交政策部分，该纲领不顾恐怖力量的对峙，希望在政治上打破现状。至于莫斯科方面宣称的和平竞争，勃兰特显然对西方获取胜利持乐观态度。这是这位总理候选人的一次重要演讲，赫尔穆特·施密特在数十年后仍称此为勃兰特最精彩的演讲之一。

勃兰特在党内的政治路线并非毫无争议，尤其是他的安全政策；尽管他与弗里茨·埃勒尔和赫尔穆特·施密特立场一致，但与埃里希·奥伦豪尔以及党内大多数人意见不同，这也致使其在主席团竞选中落败。

社民党的竞选关注个人，维利·勃兰特因此成了关注的焦点。他的班子参照英国影子内阁的模式。此外，在此次选举中，美国模式，尤其是约翰·肯尼迪的竞选模式对其影响极大，例如他的妻子和家庭也参与了竞选活动。勃兰特被当作德国的肯尼迪，两位都是年轻的、受欢迎的、活跃的、风格独特且极富魅力的政治家。在竞选前期，维利·勃兰特乘坐一辆奶油色梅赛德斯敞篷车，历时数月走遍了整个国家，尤其走访了一些中小型城市。从未有过一名社民党人如此走遍全国。此外，勃兰特的新式作风还包括新的媒体关系，对此他一定也感到十分满意。

1961 年，维利·勃兰特乘坐梅赛德斯敞篷车参加联邦议院竞选游行

勃兰特的受欢迎程度领先于阿登纳，阿登纳毫不顾忌地采取必要的诽谤手段与之竞争。在基民盟 / 基社盟的常规竞选运动中，受到右翼媒体的支持，勃兰特过去的左翼经历被谴责：他曾是一名红色阵线战士，在二战中身着挪威制服攻击德国人，有着不道德的生活作风。弗朗茨·约瑟夫·施特劳斯于1961年2月在菲尔斯霍芬再一次质问维利·勃兰特："您在外十二年究竟都做了什么？我们很清楚我们在国内做了什么。"这个论断并非有意含沙射影，当时很多人却没注意到这点。随着柏林墙的修建，出现了影响重大的新局面，勃兰特作为主管市长中断了此时仍在继续进行的竞选活动。阿登纳则继续说着"化名弗拉姆的勃兰特"，将他描绘成一个可疑之人。除了对其流亡时期的诽谤，早期与一名女性的绯闻事件也给勃兰特造成了极大困扰。

1961年8月13日之后，柏林墙的修建与竞选活动几乎同步进行。勃兰特作为主管市长必须置身柏林。阿登纳却迟迟未能前往，甚至在美国副总统约翰逊之后才抵达这个处于困境中的城市。选民并未认为这有何不妥，柏林墙的修建最终甚至对政府产生了有利影响。面对外交政策的危机，大量民众聚集在政府，聚集在资历老、有经验的阿登纳周围。基民盟在一张用于1961年9月17日联邦大选的竞选海报上写道："8月13日后在柏林发生的一切，都是赫鲁晓夫蓄意所为，为了在竞选中帮助社民党及其候选人，即化名为弗拉姆的维利·勃兰特。因此请把票投给基民盟。"

海报上是举起食指以示警告的阿登纳，引号中的文字看上去出自阿登纳之口。阿登纳和艾哈德宣传的基民盟口号为“不要冒险尝试”。

尽管如此，总理候选人维利·勃兰特与社民党仍获得了36.2%的支持率，比上一次选举上升了4.4%。但要把基民盟/基社盟拉下台，这还远远不够。鉴于此困境，勃兰特提议组建超党派联合政府，曾经希望与基民盟组成没有阿登纳的执政联盟的自民党，如今却与基民盟对组建联盟达成一致，条件是阿登纳必须在下一届大选之前辞职。1962年的《明镜周刊》事件导致了政府危机，组建大联合政府因此被提上议程，赫伯特·魏纳也参与了谈判；但该计划因基民盟提出引入多数选举法而失败。

总理竞选失败给维利·勃兰特进入社民党领导层造成了阻碍。之后，他留在柏林。但在1962年党代会上，他与赫伯特·魏纳成为副主席，主席是埃里希·奥伦豪尔。1963年12月，奥伦豪尔逝世。1964年举行的特别党代会上，在已经逐步成为社民党关键人物的魏纳的推动下，维利·勃兰特获得324票当中的314票，被选为社民党新任党主席，而副主席魏纳与弗里茨·埃勒尔同时也是社民党议院党团的主席与副主席。勃兰特、魏纳和埃勒尔组成三驾马车，魏纳与勃兰特之间的合作尤为紧密。尽管极具演说与构想才能的埃勒尔也获得了提名，勃兰特仍于1965年再次被推选为总理候选人。

社民党在1960年代早期进一步巩固其现代化政党的形

象，维利·勃兰特对此起到关键作用。1963年，社民党成立百年之际，他强调，我们的党肩负了几代人的共同心血，在社会安全、民主法治等方面取得了许多成就。他过去也曾表示，我们的党“并非教会替代物”，而是在为不同的信仰者敞开大门，令其共同承担实现进步的义务：“现代化的社民党事实上正走在前进的道路上，走在坚定革新的道路上。”魏纳也希望参与其中，他不仅以社民党鲜有的强度推动新的党内方针，而且干劲十足地谋求联邦层面的大联合政府方案，该方案甚至决定了1964年社民党参与联邦总统选举的行动。

1965年的联邦大选中，维利·勃兰特的竞争对手是从1963年开始出任总理、当时人气极高的路德维希·艾哈德。1965年社民党致力于与1961年基本相同的选举议题，进一步延续克劳斯·许茨制定的“莱茵-鲁尔地区竞选”战略，通过勃兰特与其他候选人对当地群众的工作或生活进行探访。社民党希望摆脱在1950年代被固化的否定者形象，根据这种形象提出的选举标语在某种程度上显得内涵贫瘠，如“安全为好——社民党”。基民盟则再次针对勃兰特（以及魏纳）进行诽谤。此次选举中，新成立的“德国作家选举办公室”给予了社民党极大的支持。《铁皮鼓》作者君特·格拉斯早已开始唱“勃兰特颂歌”，并为社民党进行宣传。总理艾哈德则与知识分子针锋相对，这并未影响选举结果，却促使勃兰特与一些作家——尤其是四七社——相互靠近。

艾哈德以46.1%的支持率赢得了选举，勃兰特的支持率则再次上升了三个百分点，社民党因此获得了将近40%，确切地说，是39.3%的支持率。但勃兰特对结果非常失望，也为针对他个人的诽谤感到愤怒。正如格雷戈尔·舍尔根所强调的，勃兰特心灰意冷地回到柏林，决定放弃下任总理候选人的资格。他陷入了精神健康危机，身体因此而垮掉。经医生诊断，他患上了胃心综合征。

在第二年的多特蒙德党代会上，勃兰特重整旗鼓，获得326票中的324票支持，得以继续担任社民党主席。1966年秋，基民盟与自民党组成的执政联盟因财政预算问题和无法解决的经济政策问题而破裂，这是社民党参与执政的最好时机。对赫伯特·魏纳而言，这局面也有利于他着手安排自1960年代初就谋求的大联合政府。维利·勃兰特起初更加倾向于与自民党组成执政联盟，然而他不得不认清，大多数人对此意愿并不强烈，要相信全体自民党人会支持该联盟就更为困难。因此勃兰特同意组建大联合政府，但对于自己是否参与执政，他却有过短暂的犹豫。在其他政党领导人的催促之下，勃兰特最终出任副总理兼外交部长，柏林主管市长的身份以及过去的政策主张使其极为适合该职务。但勃兰特勉强同意的大联合政府计划在党内和公众当中却遭受争议。出任外长也许只是为了搭建通向总理之位的桥梁。近十年后，他实现了自1960年以来追求的目标。

和平共处与小步政策

勃兰特从1950年代中期开始探寻与东方和解的道路。由列宁首先提出、1954年赫鲁晓夫重新采取的“和平共处”思想就是开端，勃兰特从中看到了一次新的契机。柏林还不能独立推行外交政策，但存在试探性会谈的机会。1959年勃兰特接受赫鲁晓夫的邀请前往东柏林苏联大使馆进行会谈，却因同盟国的反对而落空。1963年的另一次会谈机会也因为盟友基民盟而未能进行。但与东方展开会谈一直是勃兰特的诉求。

1962年10月，勃兰特在哈佛大学的讲座中讲到共处的冒险与机遇。勃兰特提醒切勿仅仅采取防御态度，并强调西方的政治道德优越性：“提倡多元社会和个人自由价值观的西方民主大有可为，不仅能够经受考验，还将赢得未来。”西方必须学会“与怀疑共存，不要丧失西方文化特有的活力与创造力”。社会与技术的转型进程也必须以“自由事物的利益”为导向。为了保持自由与民主的活力，必须探寻新的制度与联系。此外，历史显然并未按照共产主义理论的方式发展。在此背景下，勃兰特要求实施“转型政策”：“必须和平地逐步拆除这些真实存在的政治和意识形态的隔墙。这是一项和平改变冲突的政策，是一项渗透政策、和平风险政策；其中的风险在于，为了转化冲突，我们必须保持开放，接受对方的影响。”毫无疑问，勃兰特主张自信的积极政策，不仅针对东西方关系，也包括东方社会体系的和平转型。

肯尼迪在1963年7月的一次演讲中介绍了“和平战略”，勃兰特认为这是对他的一种认可。肯尼迪不仅看到了超级大国之间的矛盾，也看到了共同性，可以在符合双方利益的基础上对此加以利用。不久之后，勃兰特在图青新教学院的演说中联系他在哈佛大学的讲座以及肯尼迪的演讲，阐述了自己的外交政策构想。巴尔提出的“以接近求转变”策略构成了勃兰特东方政策的一部分，引起了包括社民党在内的各方讨论，被东柏林批判为“穿着毡鞋的攻击”。波恩政府认为缓和只能是重新统一之后的结果，与之不同，勃兰特利用刚刚启动的缓和政策，促进德国内部关系的改善。小步政策——即1963年以来签署的几份《通行协议》——由实际的柏林问题催生，其框架由勃兰特逐步成形的外交政策构想确定。

1964年，在一份根据美国国务卿迪安·腊斯克的建议而起草的文件《关于与东欧国家及其人民之间的关系》中，勃兰特阐述了他在1950年代便开始构想和尝试的东方政策路线。勃兰特首先要求发展经济和文化关系。

勃兰特推动探索新的趋势和开端，以改善德国和欧洲的内部关系。这几年，他也从同样的角度对戴高乐的政策进行评价 它们是否扩大了德国政治的活动空间，其中一部分是否可以被视为榜样。在1966年的多特蒙德党代会上，他结合一名负责重新统一的德国委员的观点，首次谈到“两德并存是有时限的”。这些想法也是勃兰特探索行动的表现。他同样接受社民党与统一社会党发言人之间进行交流的建议，之后却因统一党而落空。

作为大联合政府（1966年至1969年）的外交部长，勃兰特有机会将自己的外交政策构想付诸实践，尽管社民党与基民盟之间，具体而言是外长勃兰特与总理基辛格之间的不同立场愈发明显。勃兰特相信，不同于往届政府，联邦政府愿意支持缓和政策，并且明确对此进行强调。肯尼迪的继任者林登·约翰逊也为该政策辩护。如何对待超级大国制定的《不扩散核武器条约》是执政联盟内部的一大难题。在勃兰特看来，如果满足了特定的条件，例如和平使用核能，联邦政府应当签署这份条约。但基民盟/基社盟直至执政联盟结束也未能作出决定。

在东方政策的框架下，大联合政府仅与在华沙条约组织中扮演特殊角色的罗马尼亚建立了外交关系，与南斯拉夫恢复了关系。与东德进行对话至少促使基辛格与民主德国部长会议主席（政府首脑）斯多夫通信，虽然并未取得具体成果。在莫斯科和东柏林的影响下，华沙条约组织各成员国的立场变得强硬，直到1968年布拉格之春结束后，才又一次逐步松缓。布拉格事件是对缓和政策沉重的一击。

维利·勃兰特从1960年代中期开始重新审视过去的德国政策，这必定导致联邦议院各党派达成一致的德国政策和外交政策遭受质疑。勃兰特愈发认为自己有责任为形成欧洲权力形势的现实主义理解扫清道路，这项诉求对他而言是一个正派与否的问题，尤其表现在德国东部边境问题以及与波兰的关系问题上。

1950年代，社民党与其他政党一样不承认东部边境已成定局，维利·勃兰特当时亦如此认为，并赞成被驱逐者回家的权利（“放弃等同于背叛”）。尽管他完全了解波兰的命运，恩斯特·罗伊特也曾明确指出这一点，但东西两极格局使勃兰特在该问题上小心谨慎。1960年代中期以来，德国新教教会的《东部回忆录》以及波兰主教的一封信引发了讨论，维利·勃兰特借此机会对社民党政策重新进行了阐述。在1964年的卡尔斯鲁厄党代会上，会议大厅正面还悬挂着按照1937年的边境绘制的德国地图、标语“传承与使命”以及库尔特·舒马赫和埃里希·奥伦豪尔的肖像画；而到了1966年的多特蒙德党代会，维利·勃兰特让人听到了与此前完全不同的声音。他如今认为，德国方面需要为这场由希特勒挑起且战败的战争作出牺牲，以达成和平解决，这是事实。这种判断自战争年代以来对勃兰特而言就并不陌生，却遭到被驱逐者的抗议，他们开始有组织地与勃兰特疏远。

勃兰特在大联合政府时期继续执行该路线。在1968年纽伦堡的社民党联邦党代会上，勃兰特要求以社民党主席的身份，对东方政策尤其是波兰政策进行“迟来许久的政策调整”，对奥得河-尼斯河边界问题采取新的态度。他从德国新教教会《东部回忆录》的思想着手并强调，在这片前德国东部地区生活过的人大约40%都出生于此地，没有人希望再一次被驱逐。德国人民需要与波兰在签署和平条约之前实现和解——“从承认并尊重奥得河-尼斯河边界划分到和平条约规定”。党代会接受了这种观点。新的立场导致大联合政府内部出现争执，使社民党与基民盟/基社盟之间产生隔阂。

对于德国政策和外交政策的其他问题，勃兰特开始在巴尔的支持下对过去的立场进行调整，准备出台一项新的政策。勃兰特想灵活运用哈尔斯坦主义，这导致总理与副总理、社民党与基民盟/基社盟在1969年的柬埔寨事件中发生剧烈争吵。联合执政时间越久，政党之间的分歧与矛盾就越清晰。

勃兰特愈发坚信，过去的德国政策与东方政策会导致德国政治的自我封锁。他显然在寻找新的道路。埃贡·巴尔是勃兰特在柏林的新闻发言人和顾问，他于1966年至1969年期间担任外交部计划司司长，参与计划了新的德国政策和东方政策。对此，新闻界也进行了重要的讨论，例如彼得·本德尔在讨论中提出了承认民主德国的原因。

从上改革和从下基层政治化

1960年代是内政上的转变时期。一方面，各方都在谈论社会现代化，此概念通常是正面的且以美国为导向。新闻界讨论的趋势认为，现代化要求通过国家行动和政治科学化来进行改革。另一方面，社会部分群体对政治参与的追求日益增长，社会抗议愈发强烈，尤其是新一代人，他们的思想发生了转变。社会行为以个人价值观为导向发生变化，使得各代人之间已经存在的紧张关系进一步升级。学生运动就是这种政治文化发展的体现。

维利·勃兰特和社民党在1960年代的共同任务纲领以社会现代化为目标：改革教育体制（该要求在媒体呼喊"教育危机"之后终于成功引起了关注），推动技术与科学发展，改革高等教育事业，革新城市，改善基础设施（尤其是交通系统），继续发展卫生事业，保护环境，发展规划与调控机制。勃兰特关注所有这些问题。1964年他已要求政府"面对民主活力切勿回避，而应适应"。

自1966年起，社民党人在大联合政府中尝试贯彻其观念，事实上也的确实施了多项重大计划，例如通过了由卡尔·席勒负责的《促进经济稳定与增长法》、一致行动以及中期财政规划，明显改善了经济与财政调控的能力。执政联盟成功地通过席勒与弗朗茨·约瑟夫·施特劳斯之间的合作，共同克服了经济衰退，找到了矿业危机的解决方法。大联合政府同样致力于教育政策、社会政策、交通政策等其他领域的工作。勃兰特主要负责外交政策，但作为社民党主席，他也在各层党代会以及公众当中代表政府的政策。

大联合政府的项目还包括制定《紧急状态法》——只有大联合政府才能够胜任，以此削弱同盟国的保留权利。但部分左翼人士和工会，甚至社民党内部对此持强烈保留态度，因为他们认为这与魏玛共和国一样，是对民主的腐蚀和潜在危害。为了起到动员作用，这些群体组建了议会外反对派。维利·勃兰特的参与非常有限，却与社民党一起对法律草案中不够民主或是反民主的因素——一名基民盟内政部长称《紧急状态法》是“行使行政权的时刻”——进行限制，也为了该法案为党内和公众所接受进行宣传。勃兰特获得了极大成功，事实很快证明普遍的担忧完全是多余的。

勃兰特在柏林承担政治责任多年，然而，对政府施加影响、对政策负责并遭受直接抨击，是联邦层面的社民党未曾有过的经历。这样的角色转变对社民党影响极大。同时，党内的基层政治化也在明显增长，尤其是学生运动的成形，他们对“建制”进行了大力抨击。部分社民党人对大联合政府并不认同，固守其反对党立场，社民党因而再次成为克劳斯·舍恩霍芬所说的“一半执政党、一半反对党”。

学生运动的批判，由关于教育体制和传统大学结构的问题所触发（“学位服之下一千年的腐朽气味”），在本诺·奥内佐格之死和鲁迪·杜奇克遇袭等事件的影响下很快极端化，然后尖锐地转为针对美国在越南采取的行动，并与其他西方国家以及美国的抗议运动结盟。社民党尝试与年轻人进行对话，尤其通过1969年初举行的青年大会，但仅取得些许成果。

出于自己早期的左翼社会主义背景，维利·勃兰特对坚定的左翼立场持理解态度。但他身为政治家对学生运动采取了以下应对措施：一方面，他接纳某些改革诉求；另一方面，他反对使用暴力，并始终关注联邦德国的安全利益。他首先从东西方冲突的视角看待越南。但学生认为这更是一场帝国主义与进步国家及其解放运动之间的冲突。鉴于越南战争持续多年，勃兰特撤回了社会党国际要求协商解决冲突的声明。

勃兰特离开柏林转至波恩后，柏林的抗议达到高潮，他从此再未直接参与有关学生运动的争论。但这对勃兰特个人而言有着重要意义，因为他的两个儿子彼得和拉斯都倾向议会外的左翼。尤其彼得，先是参加鹰派组织，而后转向托洛茨基主义群体，因参加学生游行示威而引起警方注意。后来的审判过程被媒体大肆宣传利用。一审判决中提到，父亲对儿子及其个人发展关心甚少，建议“父亲应以适当的方式对其发挥影响”；在此父亲对儿子的政治行为负有一定的共同责任。即便父亲和儿子很快发现无法说服对方，但他们仍然相互尊重。当维利·勃兰特在1968年纽伦堡党代会附近遭到游行示威人群攻击时，彼得对他的父亲写道：“撇开我们之间在政治上彻底的根本性矛盾不谈，以错误的方式对最自由主义的社民党领导人进行攻击，我认为这是不公正的。”若干年后，勃兰特表示，他本应当常与儿子进行更深入的交流。

勃兰特坚持自己的政党设想，对亲近或逐渐融入社民党的各个群体和思潮敞开大门：学生、教师、年轻学者以及公共服务业群体。他们汇集在社民党青年团，将学生运动的部分思想带入社民党。即便与共产主义者划清界限，勃兰特一直为六八学运融入社民党进行辩护，并对改变党内政治文化的不利面进行批判，例如语言学术化，以及尤其发生在大学城内的对有功劳的社民党人的排挤。他在1970年代早期花费大量时间与年轻一代进行争论。显然，勃兰特希望为民主事业争取学生运动的力量。

在1960年代后期和1970年代，勃兰特将不断加深的基层政治化吸纳进他的民主或民主化的概念中。1964年勃兰特已在社民党党代会上对该党的民主构想进行了描述：反对狭窄或静止，主张扩张和活跃。人民政权必须“充溢着我们的整个社会、文化以及经济生活，并且产生越来越大的影响”。1960年代末勃兰特指出，不同于基民盟，民主对社民党而言更是一种国家组织形式：“民主对社民党意味着一种原则，必须影响和渗透人类所有的社会存在。”他在1969年5月写道，民主是“一种持续的进程，一项不断去努力实现的任务”。在他看来，这种民主理解是对保守的“旧自由主义的”民主理解的一种替代。当代社会需要加深社民党民主概念，该概念在其历史发展初期就已然存在。因此社民党肩负一项民主的历史性任务。

这是勃兰特的基本立场，非常符合当时的时代精神。在这些年里，基层自由化和基层民主化与处于攻势的反独裁思想和启蒙思想密切相连。

大联合政府外交部长的政治观念

1960年代末，勃兰特处于一个时期的开端，他将出任联邦总理，在若干年内对德国政治和欧洲政治产生至关重要的巨大影响。所以此时应对其政治观念进行简短的中期总结，因为相较其他人，勃兰特当时更加愿意从历史的角度对自身的立场和观点进行反思。

那时的勃兰特坚信，与一战后的共和国不同，德意志联邦共和国终将融入国际政治，尽管德国国家民主党在这些年日益扩大、令人担忧，但国家不会像从前那样被纳粹主义撼动。另一方面勃兰特也确信，虽然希特勒发动战争所欠之债仍应该偿还，但欧洲中部的情况令人无法容忍，德国人必须得到“公平对待”，他认为这意味着不能长期剥夺他们的自决权。他也断然要求德国人承认现实，他们不应再幻想可以立即实现德国统一以及修正奥得河 - 尼斯河边界。和过去一样，他的指导思想是一个以欧洲为导向的德国以及欧洲联盟的构想，德国和欧洲的分裂问题只有经历一段更长的过程才有可能得到解决。德意志联邦共和国是，也应当一直是西方的一部分，在勃兰特看来，不仅民主德国，整个东欧都应纳入联邦德国的政治范畴。

勃兰特关注着事态的发展，并试图对其部分地进行利用，如关系缓和的进程，部分地进行倡导，如两德关系的新局面。虽然对俾斯麦的镇压政策持保留态度，1965 年在与历史学家海因里希 · 弗里德永的谈话中，作为社民党人的勃兰特却援引俾斯麦的话并表示赞同：“……不能在政治中制定一项长期计划且盲目地照此行动，只能笼统地勾勒追寻的方向，并坚定不移地关注这个方向……德国人的错误始终在于，要么什么都想要，要么什么都不要，并且固执地坚持某一种方法。相反，当我在某一条道路上距离德国统一越来越近，即便只靠近了三步，我也感到非常高兴。”勃兰特认为，追寻不可能的事物并非艺术，把自己局限于“提出最合理的要求”亦非艺术。维护痴心妄想既非艺术也非政治。“不去追寻这种‘完全可能的事物’，而是将起初看起来不可能的变成可能并且使之成为政治题目，这才是艺术。”勃兰特确实按照该理念行事。

他提出的内政方案，除了升级社会福利国家、努力实现所有领域的现代化——这首先要求更多人的参与，但也要求合乎时代的进步改革，包括使用新的技术和规划工具。作为方便之计或意识形态的传统主义应当被遏制。勃兰特为这项新政策选择了他在1960年代极力回避的“民主社会主义”概念。

这些年里，勃兰特与作家及其他知识分子联系紧密，尤其是自1960年代早期以来就一直支持他的君特·格拉斯。不过与格拉斯不同，勃兰特的政策建立在明确的道德基础上，而格拉斯认为这种过剩的道德观念与真实政治并无太多关联。

第六章

推行改革与新东方政策的总理

1969年至1974年是维利·勃兰特政治生涯最重要的一个阶段。在此期间，勃兰特担任德意志联邦共和国总理，体现了以古斯塔夫·海涅曼被选为联邦总统为开端的政治觉醒，被称为“德意志联邦共和国的改组阶段”或“第二个形成阶段”。该时期的政治特征主要体现在改革政策和新东方政策上。改革政策涉及诸多领域，在一段时间内几乎受到改革的狂热驱使。相较于同时期由新政府推动恢复的欧洲一体化政策，东方政策无疑给欧洲带来了更大的变化。这项内政和外交政策受到政治文化改革思潮支持，却遭到保守主义以及极左分子的反对，它与维利·勃兰特的名字牢牢地拴在一起，

但维利·勃兰特的总理生涯仅持续了政治环境极度紧张的四年半，几乎未能超过一个议会立法任期。勃兰特最终辞去联邦总理一职，但“社民党的年代”在其继任者赫尔穆特·施密特的带领下仍持续至1982年。在此可问，应当对勃兰特的总理工作进行怎样的回顾总结？如果1974年绝不是勃兰特政治生涯的结束，那么总理之职在其中扮演了怎样的

角色？是否如格雷戈尔·舍尔根所言，担任总理只是使勃兰特徒增烦恼，根本就是一个“圈套”？

作为个人成就和政治转折的政府组建

1969年，勃兰特第三次参与联邦总理竞选，竞争对手是在位联邦总理库尔特·格奥尔格·基辛格，而他自己是大联合政府基辛格内阁的外交部长和副总理。勃兰特是改革派社民党人，基辛格是有教养的市民阶层出身的保守派基民盟人，两人的经历有着显著差别，在第三帝国时期，勃兰特进行反抗被迫流亡，而基辛格曾是纳粹党成员。两人之间的观点差异越来越大，导致双方在竞选辩论时严重两极分化。此外，社民党经济部长席勒与基社盟财政部长施特劳斯在德国马克的增值问题（最终涉及货币政策与经济政策的权限问题）上也发生了争执。在基层政治化不断发展的背景下，双方在诸多政策领域中出现的分歧引起了巨大的社会反响。勃兰特和社民党不仅获得了演艺界人士，也获得了市民自发组织的支持，尤其是君特·格拉斯及其他知名作家、科学家和众多市民联合而成的社民党投票倡议组织（SWI）。社民党的主要竞选口号是“我们创造现代化的德国”。事实上，社民党已被视为一个更现代化的政党，以特殊的方式吸引了越来越多的年轻人。

选举的结果相当接近。1969年9月28日竞选当晚，基辛格似乎一直胜券在握，几乎已经可以接受美国总统尼克松的庆贺。但局势发生大反转：勉强多数的结果促使社民党和自民党组成执政联盟。尽管重新定位的自民党竞选结果并不理想，而勃兰特领导的社民党副主席赫伯特·魏纳以及赫尔穆特·施密特更加倾向于继续组建大联合政府，但维利·勃兰特果断抓住了这次机会，因为只有如此他才能够出任总理。令人意外的是，常常犹豫不决的勃兰特在此时表现得尤为坚决；阿努尔夫·巴林评价称，“那之前和之后，从来没有人见过比在9月28日当晚表现得更加积极主动、目标坚定、精力充沛的勃兰特。他不再是哈姆雷特，不再是帕西法尔[①]，而是一个勇敢年轻的人”。勃兰特还得到海因茨·屈恩和古斯塔夫·海涅曼的支持，前者是北莱茵-威斯特法伦州州长，领导着一个社民党和自民党联盟；后者作为联邦总统，他的当选已预示了社民-自民联盟。魏纳和施密特也与勃兰特处于同一阵线。但勃兰特十分清楚，社民党与自民党仅勉强达到多数支持，未来必将面临巨大风险。

政府更迭对勃兰特有着历史性意义。对他个人而言，这是一个不一样的德国，是他面对希特勒迟来的胜利。在社民党人赫尔曼·米勒卸任总理近四十年之后，在工人运动遭受第三帝国迫害之后，在社民党担任联邦共和国反对党多年之后，终于再次出现了一位社民党总理。因此在他看来，社民党与自民党的联盟有着历史的重要性。撇开魏玛共和国那些年不谈，德国的社会民主主义与自由主义通常是对立的，勃

① 中世纪德语诗人沃尔夫拉姆·冯·埃申巴赫作品中的人物，作品主要讲述了单纯善良的帕西法尔克服重重困难找回圣杯的故事。

兰特认为这是德国特殊道路问题的一部分。因此他倾向于将这个联盟标榜为历史性的联盟。其他人，包括社民党副主席以及自民党主席谢尔，对此则表现得更为理性。他们认为这是“有期限的联盟”。

内阁成员各具风格，很快开始表现出以自我为中心的倾向，这给在柏林已经习惯作为同侪之首的勃兰特制造了难题。精明能干的法学教授霍斯特·埃姆克作为总理府部长，不仅重新组织总理府，引进新的规划工具，也在政府工作的日常冲突中减轻了勃兰特的负担。财政部长亚历克斯·默勒、经济部长卡尔·席勒、国防部长赫尔穆特·施密特都是杰出的专业人士。内阁的其他职能部门皆由适合的人选负责，例如瓦尔特·阿伦特负责就业与社会，格奥尔格·莱贝尔负责交通，格哈德·雅恩负责司法，艾哈德·埃普勒尔负责发展政策。自民党方面，则有瓦尔特·谢尔出任外交部长，汉斯-迪特里希·根舍出任内政部长，约瑟夫·埃特尔出任农业部长。

1969年10月28日联邦总理维利·勃兰特在联邦议院发表政府声明《敢于更多民主》

崭新的开端引起广泛瞩目。左翼自由主义和社会民主主义公众、知识分子和文化界精英对政府寄予厚望。组建社民-自民联盟后，联邦总理勃兰特于10月28日以其独特的语调和沙哑的声音发表了政府声明，其中可以清楚地看到勃兰特及其政府的雄心勃勃。以多次提到的“敢于更多民主”为格言的声明被称为历届联邦政府上台时发表的“要求最高、抱负最大的政府声明”。在他人看来，这像是“一份成立新国家的文件”。这种说法当然有些夸大其词，毕竟其中提及的东西，有些已经完成，有些已经开始着手。但很显然，勃兰特不仅草拟了新的德国政策和东方政策，还宣布了政府计划进行的多个改革项目，以使国家更加现代化和民主化。

新东方政策对于德国和欧洲的意义

在德国的政治意识中，维利·勃兰特的总理生涯首先与新东方政策密不可分。的确，他对该政策施加了主要影响并承担主要责任。当然也有其他人参与政策的计划和具体实施，尤其是埃贡·巴尔、霍斯特·埃姆克，其次还有外交部长谢尔、负责德国内部关系的部长埃贡·弗兰克，以及各个层面的工作人员。赫伯特·魏纳与赫尔穆特·施密特当然也参与其中，但对该政策的直接实施并未发挥太大影响。

新东方政策并非一项一成不变的纲领或计划，尽管巴尔曾短暂倾向于制定这样的文件，但被勃兰特制止。勃兰特将政策目的和战略考虑与灵活多变的方法相结合。新东方政策是大联合政府时期勃兰特在与其柏林和波恩的部下共同进行的实践和不断反思中形成的。1969年以来，空前巨大的动力推动着这项政策向前发展。

该政策的实施原则和出发点是坚决的现实主义，由二战和东西方冲突所造成的局势不容忽视，应当予以承认并且在对双方有利的基础上尝试改变，同时推动对东方体系的革新改造。承认二战之后形成的现实状况，对勃兰特而言逐渐变成了一个道德问题。“东西早已失去便谈不上被放弃”，亦即必须接受后来不可能再“赢得”战争的现实。

勃兰特尤为重视的政策目标是至少实现欧洲中部的关系“正常化”，这意味着将两个德国从相互对立变为共存，在尽可能多的领域促进双方关系的发展，“减轻人们的痛苦”等。他认为必须承认民主德国是一个独立自主的国家，但两个德国相互而言不应是外国，双方的关系只能以一种“特殊的”方式存在。勃兰特认为，要在冲突中实现各方和平共处的权宜之计，必须保证柏林的安全和发展机会，以及与联邦共和国之间的关系。这就意味着，同盟国也必须参与这项新政策。该政策的目标还包括与波兰和苏联建立新的关系，勃兰特认为其前提是联邦共和国承认二战后确定的国界之不可侵犯性，给各方关系注入新的活力，以减轻过去的罪责。勃兰特和巴尔清楚地意识到，原则上各个目标的实现是相互关联的，他们并不畏忌先与苏联签订协议，鉴于苏联在东欧的权力关系，这样做有利于他们继而与其他国家签订协议并制定框架。虽然勃兰特也致力于与苏联人民建立新的关系，致力于“和解”——如果人们希望如此，但对他而言，相较于莫斯科，与华沙组织签订条约在道德上更为重要。1970年12月，勃兰特在华沙犹太人死难者纪念碑前下跪，这无疑是

1970 年 12 月，维利 · 勃兰特的华沙之跪

战后历史上让人最为印象深刻的姿态之一。

勃兰特在华沙纳粹残暴政权受害者面前的下跪是一个自发的行为，在数月之后的科隆兄弟团结周[①]的开幕式上，勃兰特对此进行了简短的解释："12 月份在华沙的时候，我承受着罪恶的种族政策的负担。我只是做了当语言失去作用的时候人们都会做的事情，代表我的同胞们，表达对千百万死难者的怀念之情。"德国国内对此的反应不乏愤怒，如《明镜周刊》问道："勃兰特应该下跪吗？"阿伦斯巴赫的一份调查问卷显示，41% 的受访者认为下跪是适当的，48% 认为过

① 自 1952 年以来每年 3 月在德国举行的活动，旨在推动基督教徒和犹太人的和解、交流与合作，共同应对大屠杀的阴霾。

于夸张。华沙官方对此也有所顾虑，并未刊登勃兰特下跪的照片，只有一家犹太人报纸刊登了一张。勃兰特希望能够加速推动与波兰之间的谅解，但结果让他大失所望。对勃兰特而言，与东欧国家的关系中，和解无疑是极其重要的主题。长远来看，勃兰特努力追求欧洲的和平秩序，并在该框架中找到解决德国问题的方法。

至于具体的德国问题，勃兰特的目标是在尽可能多的领域寻求对人们有利的实际规则。来自基民盟 / 基社盟的反对者认为，基础条约一定不是分裂条约，而应当是使两德关系正常化的条约，否则，德国问题依然与联邦宪法法院受理巴伐利亚州起诉时作出的判决一样得不到解决。勃兰特与社民 - 自民联盟坚持以重新实现德国统一为目标，正如关于德国统一的那封信所阐述的那样。此外勃兰特清楚，条约以及基于条约的协议，尤其促进了双方人民之间的交流，有助于推动民族统一。

1970 年 3 月，勃兰特访问埃尔福特时再次强调，自始至终只有一个德意志民族，许多人因而对勃兰特及其政策表现出好感。埃尔福特人民对他的到来发出的欢呼声让勃兰特印象深刻，近二十年之后，勃兰特在回忆录中称：“在埃尔福特的那一日，我的生命中有哪一天比这一天更加激情澎湃吗？”勃兰特将朗诵班的表演《维利 · 勃兰特》和《窗前的维利 · 勃兰特》阐释为德意志共同性的表现：“如此强烈的同属感以这样的方式爆发出来。”尽管过去与统一社会党政权有政治分歧，勃兰特依然在这一天感受到了德意志共同性的各种证明。

1970 年 3 月 19 日，在埃尔福特饭店窗前的维利·勃兰特

尽管勃兰特不知疲倦地强调将新东方政策根植于西方，华盛顿、巴黎和伦敦却首先对该政策产生怀疑与保留态度。撇开与其本国的东方政策存在一定竞争不谈，他们还担心，自信的新政策在自身议程的推动下，会将联邦共和国带回东西方之间的德国特殊道路。但勃兰特从未考虑制定一项新的摇摆政策。1971 年9月，勃列日涅夫邀请他前往克里米亚，苏联领导层也许在试探这种政策的可能性。但这并不符合勃兰特的期望，他坚决反对重现拉帕洛[①]的幽灵或回归德国特殊道路。

勃兰特因于1971 年获得诺贝尔和平奖，也收获了其个人的最高荣誉。他很快意识到，新东方政策使联邦共和国的国际地位得到显著提升。与此同时，他从一开始就致力于欧洲一体化进程，并为此注入新的动力：同法国方面进行对话，使其承认英国与其他欧洲自由贸易联盟成员国，竭力深化货币政策和社会政策领域的联合。勃兰特以此继续坚持已经指引他数十年的欧洲联合路线。同时，他对德国利益的考虑相较于历届联邦总理也更为公正。

① 指《拉帕洛条约》，德国与苏联于 1922 年签订，目的是结成友好关系，共同抗衡西方。

但新东方政策在联邦共和国内遭到强烈抗议，使得人们的反应两极分化。1970年，勃兰特与斯多夫在卡塞尔会面时，右翼极端分子在附近呼喊着“枪毙勃兰特”。议会反对党发言人，尤其是基社盟主席施特劳斯，指责勃兰特是“民族叛徒”，称这让人想起魏玛共和国民族右翼分子的政策。部分基民盟/基社盟人士在原则上拒绝该政策，反对与统一社会党达成协议，坚持1937年的边境划分。而以党团主席巴泽尔为代表的另一部分人则宣称通过后续谈判本可以达成更好的协议。

另一方面，勃兰特在一些群体中也获得了狂热的支持，它们包括知识分子（二百名历史学家与政治学家在一项支持勃兰特的呼吁中签名）、工会、新教教会、部分天主教世俗组织以及左翼自由主义媒体。

虽然进一步推行东方政策，尤其是完成与民主德国之间的基本条约极其困难，但在现在看来，无可否认，它不仅改变了德国的关系，也改变了欧洲的关系。通过这项政策，以消除对立、强调人权为基础的欧洲安全与合作会议进程才变为可能。此外，新东方政策对联邦共和国的自我肯定也作出了贡献，它不再是权宜之计，而是获得了发展的正当性。

《敢于更多民主》——改革政策及其界限

1969年10月28日勃兰特发表的题为《敢于更多民主》

的政府声明包含了对社民-自民联盟采取的政策形式和政策内容的总体陈述，在内政方面对保守主义和新左翼极端主义表达了反对。声明具体提出了大量改革计划，相互之间并无太多关联，但皆以这样的改革伦理为支撑，即以启蒙思想、自决权、进步为指导，旨在实现民主化和现代化。

勃兰特的《敢于更多民主》主张社会应更多地参与民主决策程序，因此首先要降低选举年龄。民主原则也应当在社会中扮演更为重要的角色。因此，保障企业法令中雇员的权利、扩大企业共决权尤为重要，执政联盟双方必须对此达成一致，这并不容易。相较于高校教授，大学生和科研人员的参与权也应当得到扩大。当然，教育改革不会局限于此。

应当实现教育体系的机会公平，显著提高中小学生以及大学生的数量，尽管这并非联邦的职责，也在规划的框架之外。尤其需要扩大教育领域的参与。此外还应当对教育内容和大学课程进行改革。勃兰特在回忆录中也承认，某些引发剧烈争执的、涉及框架原则的工作有些过为已甚。

重大改革还应包括雇员的财富创造，这也涉及更为广泛的阶层参与。但执政联盟的改良措施仅限于提倡储蓄。据勃兰特回忆，工会对此项改革也并无兴趣。税收改革应当确保以参与为目的的改革政策，并将公共财政用于教育及其他公共设施和计划。勃兰特称，只有富人才能担负起一个贫困的国家。

勃兰特担任总理期间，社会福利国家的进一步建设得到了极大推动，但仍需要扩大参与。汉斯·君特·霍克茨将这几年称为“社会福利国家急速发展的时期”。确实，养老金保险的受益者范围扩大，灵活的法定退休年龄限制被引入，救助金也得到了提高。

来自社民党的大联合政府司法部长已经着手进行法治改革，这非常重要，尤其是以自行承担法律责任的成年公民为导向的刑法改革。对惩罚堕胎的刑法第二百一十八条的改革尤为艰难，新女权运动强烈要求，天主教会却提出抗议。不仅在社会，社民党内部对此也存在很大分歧。维利·勃兰特因其非婚生身份在该问题上行为畏缩、表现克制。他的意愿当然是作出符合道德的决策。联邦宪法法院曾宣称孕期限制方案违宪，经过多年争论，联邦议院最终决定采纳条件更宽的合法堕胎理由。

联邦国防军等机构也在改革范围之内，目的在于拉近公民社会与军队之间的距离，消除持续产生影响的纳粹国防军传统，这也是勃兰特《敢于更多民主》带来的结果之一。

相较于内部改革问题，维利·勃兰特对外交政策和德国政策的推进无疑更加直接。但他也对内部改革政策予以支持，一再尝试阐述和说明政策背后的动机和思想。维利·勃兰特的政治见解恰好反映在改革当中，尤其是观念多元化，他放弃过分抬高意识形态，着眼于解放、自决权、自由和公平等价值与原则。

不必说，改革会触犯利益，使特权受到质疑，废弃我们习以为常的东西，并遭到抗议。代表教授群体的科学自由联盟和保守派的家长协会在此经常被作为例子。与教育领域一样，改革政策的财政界限也变得非常明确，这促使反对者政治化，并大量向作为反对党的基民盟 / 基社盟靠拢。基民盟 / 基社盟因此收获了众多成员。

左翼同样有对改革政策的批评。勃兰特时代的改革并非消除资本主义体制的尝试，因此遭到新旧左翼分子以及社民党青年团的批评，他们要求进行体制改革。批判激化了1960年代中期以来党员构成的巨大变化引发的党内矛盾。

转变中的党派问题

1969年至1974年期间，勃兰特作为联邦总理和社民党主席在各层关系中都极为重要。鉴于执政联盟在联邦议院中仅勉强得到多数支持，每一次州议会选举都关乎联盟的命运。身为社民党主席以及联邦总理的勃兰特投身于竞选运动，主要是为了稳定政府。此外，与1950年代和1960年代早期相比，社民党尝试更进一步参与政治决策，这使领导和统一该党的勃兰特付出了大量的时间和精力。

毫无疑问，社民党在这几年吸纳了许多成员，扩大了规模。仅在1972年就有超过十万人加入社民党，其中以年轻人为主，尤其是大学生、教师以及公共服务部门的职员。勃兰特在1973年汉诺威党代会及其他场合着重强调，三分之二的社民党成员都是在1960年代中期后加入，对党产生了极为重要的影响。社会的高度基层政治化以及对政治参与的追求不仅导致大量群众加入社民党，也改变了政治文化。党内决策变得更为激烈和充满争议，代表不同文化和年代的传统党员和新党员之间的对立不容忽视，大学城中社民党地方协会内部的紧张关系尤其明显。

维利·勃兰特谈到社民党“扩大带来的问题”，并提醒新党员，用听得懂的语言而不是社会学家和政治学家的专业用语进行探讨，尊重老一辈的经验和立场。很难说他这样做有多大效果，至少在有的城市，矛盾已经固化。一些人赞成黑尔佳·格雷宾的论断，“旧的工人运动”在这些年逐渐转型为一个新的政党。勃兰特批评党内争论的某些形式，并尝试以其社会融合的风格抵制政治文化的变形。但对于社民党的社会开放，他并不感到惋惜，这符合勃兰特自斯堪的纳维亚流亡时期以来的政党理解。

由于新党员的大量涌入以及新左翼分子对社民党的影响，党内逐渐形成新的党羽，这给勃兰特造成极大困扰。勃兰特和党领导层跟青年团成员进行争论，自1969年以来，社民党青年团逐渐被定义为以新马克思主义为指导的青年组织，并且在意识形态上或多或少希望将社民党重新转变为阶级政党。他们的理论部分联系旧派，部分结合新派，例如要求进行体制改革。勃兰特明确表示对该立场不甚赞同。他在1970年不来梅青年大会上劝诫青年团成员要清楚认识到自己作为社民党员的政党身份。

1970年代初，勃兰特与其他社民党领导人认为有必要与左翼划清界限。社民党执委会和理事会于1970/1971年决定以里夏德·勒文塔尔的草案为基础出台一份文件，明确说明社民党与共产主义之间的区别。1972年1月，总理与各州长一致同意发布“极端分子通告”，禁止极端分子在公共服务部门就业。该通告在此期间发布并非偶然。但勃兰特很快将它视为一个错误。尝试通过对每件个案的重视来缓和通告的作用，造成了难以解决的官僚主义习气。1976年，社民党放弃了该通告。

不仅由青年团成员组成的党内左翼群体，其对立派右翼也让勃兰特极为烦恼。在数量上右翼稍逊于组建“法兰克福圈”的左翼群体，但它不仅在联邦议院党团的“后勤工作人员”中，而且在规模更大的、最初由约亨·福格尔组建的被称为“塞海姆圈”的群体中，都拥有支持者。他们不仅拥护《哥德斯堡纲领》，还批评维利·勃兰特对青年团和左翼分子过于体谅。媒体注意到1973年汉诺威党代会上左翼势力在党内的优势，这种优势也体现在执委会选举中。勃兰特在1972年大选中获得巨大胜利之后，党羽竞争愈发激烈。

社民党在这些年已经完全变成一个独立的权力因素，社民党对勃兰特有多重要，他就有多明白，根据《基本法》，没有任何一个群体、任何一次党代会，可以分担勃兰特作为联邦总理的义务和责任。

不信任投票和选举大胜

1972年，从某些方面来看，是勃兰特总理生涯的巅峰时期。无论过去将来，他从未如此身处风口浪尖，从未得到比这一年更多的情感认同，也从未面临比此时更大的否定。

局势逐渐尖锐化。基民盟 / 基社盟在巴登 – 符腾堡州两极分化的竞选中获胜之后，自民党和社民党的议员转而加入基民盟 / 基社盟（同时也带走了席位），波恩执政联盟的大多数支持局面被打破，因此基民盟 / 基社盟决定发起建设性不信任投票[①]，希望将勃兰特拉下总理之位，让赖纳·巴泽尔取而代之。这似乎是合乎规则的挖墙脚行为，结果却让执政联盟获得了支持。当时从未发生过不信任投票事件，公众对此的愤怒显而易见，他们选择与勃兰特和政府站在同一阵线。人们在此次事件中群情鼎沸，尤其是对提案进行投票表决的当天，有些地方的行政部门、学校和工厂甚至出现短暂的停工或停学。执政联盟发言人在联邦议院似乎已经对此不抱希望，但出人意料的事情发生了：巴泽尔以两票之差失去多数支持，起初还未得知其缘由。执政联盟的拥护者热烈欢呼。数日后的5月1日，维利·勃兰特出席多特蒙德的集会，在为他庆贺的十万群众面前发表演讲。

但联邦议院的多数支持局面仍未最终明确，因此事态陷入僵局。政府与反对党进行了艰难的谈判，希望通过补充声明说服反对党同意《东方条约》，使得《柏林协议》有机会生效，并最终取得了成功。反对党在对条约进行投票表决时未能团结一致，大部分选择了弃权。若政府想要获得多数支持，执政联盟必须同意改选。当针对总理勃兰特的信任投票

① 德国《基本法》首创，为确保联邦总理的权力和政府的稳定，联邦议院不能仅以传统的半数以上议员的不信任迫使总理下台，而必须同时提出一名新的总理候选人。

结果为否定时，大选得以重新举行。

竞选活动社会反应热烈，其程度至今仍未有一次选举能够突破。社民党在实际竞选前发起了一场反对为竞选投入大笔资金的运动。这次选举涉及国民生产总值的分配、改革政策，尤其是新东方政策，以至于有人提出，这是一次对新东方政策的公投。起初，超级部长卡尔·席勒的辞职引发的刺激产生了作用。该职务由赫尔穆特·施密特接任，他要求勃兰特在未来的联邦内阁中给他提供位置。“红军旅”的第一次袭击事件以及奥运会期间阿拉伯恐怖分子针对以色列的袭击也引起了恐慌。但作为受欢迎的总理的维利·勃兰特与被视为冷酷圆滑的挑战者的赖纳·巴泽尔之间的对立依然愈发突显。

此次竞选勃兰特吸引了社民党拥护者以外的市民阶层，尤其是文化界精英和科研人员。由君特·格拉斯创立的社民党选民组织在联邦范围内开展活动，获得了许多知名人士的支持。带有“选维利！”字样的贴画和徽章广泛流行。对竞选宣传具有重要意义的勃兰特海报展现了一个受欢迎、有活力的勃兰特，海报边缘是黑、红、金三色，上面的标语有“德国人，我们可以为我们的国家感到骄傲”、“维利·勃兰特必须留任总理，因此支持社民党人”或“要想明天活得安稳，今天必须为改革而战”。勃兰特极力促进对其政策和个人的理想化和道德化理解，例如使用“恻隐之心”这一概念来解释他的政策动机。勃兰特成了政治道德的权威，也成了政治憧憬的投射。鉴于政治被奉为使意义的创造成为可能的权威，完全可以说勃兰特是“世俗世界的救世主”(弗朗茨·瓦尔特语)。

另一方面，过去针对勃兰特的攻击如今再次被提起。对其“民族叛徒”以及屈服于莫斯科意志的指控呈现出新的态势。但该指控因明显过于夸张，仅对少数人产生了影响。

无论如何，此次选举的参与度创下历史新高，达到91.1%，社民党也以45.8%的支持率获得该党最佳成绩，领先于获得44.9%支持率的基民盟/基社盟，成为联邦议院第一大党团。而自民党支持率为8.4%。维利·勃兰特对于此次胜利功不可没。此后，联盟得以继续执政。但此次胜利也孕育着失败的种子，仅一年半之后，维利·勃兰特就辞去了总理职位。

威望的腐蚀与辞职事件

1969年至1972年担任总理期间，维利·勃兰特所承受的极度负荷已经让他筋疲力尽、积劳成疾。这是他为这份高强度的政府工作所付出的代价。没有任何一届联邦共和国政府像勃兰特领导的政府一样，在这么短的时间之内颁布施行如此多的内政外交政策，虽然硕果累累，但也遭到众多反对。还有竞选，尤其是早期的联邦大选，在众多拥护者的鼓励下，勃兰特为此竭尽全力。但如今勃兰特面临许多不利条件：声带发炎、手术，以及因戒烟而导致的戒断症候群。据他的儿子马蒂亚斯回忆，勃兰特还表现出如今被称为“职业倦怠症”的一种状态。在此期间，身体极度虚弱的勃兰特错过了联盟谈判和政府组建的大部分过程，而将勃兰特的政府组建文件“遗忘”了的赫伯特·魏纳以及代表社民党方面的赫尔穆特·施密特则对此发挥了决定性作用。

不利的是，总理府部长霍斯特·埃姆克被撤出权力中心，出任科研与邮政部长，其旧职由霍斯特·格拉贝特接任。格拉贝特虽然忠诚，但对波恩政治了解甚少，不能完全代替精明能干的埃姆克。汉斯-约亨·福格尔出任城市规划部长。此外，社民党方面并无其他重大变化。然而，继外交部、内政部与农业部之后，自民党获得了第四个重要部门——经济部，由汉斯·弗里德里希出任部长，这件事关系重大。公众，尤其是社民党方面认为这并不恰当，并对此进行批评。在此期间，勃兰特对不断形成的党羽感到愤怒，他认为这是为选举失败的责任分摊作准备，这在其对政府政策的要求中也有所体现。

1973年1月，勃兰特在（与克劳斯·哈普雷希特共同起草的）政府声明中宣布继续实施改革政策以及经过修改的德国政策和外交政策，从声明所获的反响不难看出，新政府的开端并不理想。如今，他要求“像活跃的邻里一样团结一致”，宣传一个建立在市民参与基础之上的“新的中间派”，这些虽然是新的措辞，却不像1969年的政府声明那般释放出参与热情。幻灭和失望的情绪扩散开来，这种失望之情可解读为面对过去的高昂或多或少必然会发生的情感倒退，其缘由绝非仅仅在于勃兰特和社民-自民联盟的政策。

但勃兰特在政治上的确存在问题。基民盟议员施泰纳在建设性不信任投票中给出否定票，并为此收受了五万马克，政府还以同样的方式争取了另一名议员。尽管我们知道勃兰特与事情经过并无关联，但事件的曝光影响了政府的政治道德声誉。卡尔·维南德参与其中，赫伯特·魏纳是知情人，所涉钱财明显出自东德国家安全部史塔西。

关键在于，东方政策陷入困境，因为东柏林的态度变得强硬，甚至连已达成协定的人道主义措施也遭到东德政府的阻挠。为此，赫伯特·魏纳前往绍尔夫海德与埃里希·昂纳克见面。次日，自民党党团主席沃尔夫冈·米施尼克也来到此处。之前的做法应当继续，其中包括政治犯赎买的协定；先前的赎买方式曾遭到埃贡·巴尔的质疑。魏纳通过东柏林律师福格尔与昂纳克建立了直接联系，使得社民党党团主席能够再次实际参与德国政策，这不仅遭到了因此被剥夺权力的埃贡·巴尔的怀疑，并且最终导致了勃兰特的不信任。尽管交通条约和过境协定的生效为联邦共和国与西柏林之间的交通打下了新基础，使得形势明显改善，但新东方政策的成效远不及公众的期待。民主德国对西方记者开放，可算是取得的一点进展。

外交政策的其他领域也未产生立竿见影的效果。勃兰特是第一位访问以色列的联邦总理，但他在近东冲突中充当的调停者的角色超越了德国的能力范围，这是在不利的时机所作的尝试。

联邦共和国内部为分配展开的逐渐扩大的斗争，有损政府首脑的威望。对于持续数月影响众多游客的空中交通管制员的罢工，联邦政府束手无策。这是第一起今日被称为“行业工会”的专业群体利用其权力绑架整个社会的事件。1974年初，公共服务业领域发生的劳动争端对联邦总理勃兰特的威望产生了更为严重的影响，他果断拒绝提高工资10%以上的要求，认为这不现实也不合理。但公共服务业公交运输工会主席海因茨·克隆克尔不顾社民党联邦总干事霍尔格·伯尔纳的警告，通过罢工提高工资至11%以上（加上津贴几乎达到13%）。

此次劳动争端在经济状况明显恶化的背景下爆发，再次被归罪于联邦总理，事实上这极不合理。赎罪日战争中，阿拉伯国家首次采用石油禁运作为与支持以色列的西方国家进行对抗的武器，导致石油紧缺、价格暴涨，给世界经济和国际货币体系造成灾难性的影响。联邦政府颁布禁止星期日开车外出的法令，这当然不能解决其突出的石油依赖性问题。经济危机意味着战后的高速增长周期已经结束，这还不能为当时的人们所立刻认识，他们被罗马俱乐部关于自然资源的有限性以及增长极限的预测所激怒。诸如此类的问题以及发展危机，使得与勃兰特这个名字不可分割的改革政策很快显得有些过时。

此外，在不久前的1972年竞选中，勃兰特和社民党的多年支持者君特·格拉斯也进行了公开批评。格拉斯相信自己在为众多选择勃兰特的市民发声。他认为，勃兰特只关心德国政策和外交政策，忽视了国内改革。勃兰特放任事态发展，因此形成的政治道德诉求使他愈发投入其中，但这种诉求很少考虑政治问题、国内氛围以及自身状态的复杂情况。

1973年9月，联邦议院代表团访问莫斯科，其间赫伯特·魏纳对联邦总理的抨击给勃兰特的威望造成了重大影响。这位党团主席公开批评了具体的柏林政策和德国政策，以及将联邦环保局设立于柏林的决策。勃兰特、巴尔以及联邦政府认为这些完全可以与《柏林协定》兼容，却遭到东柏林和莫斯科的抗议，还被魏纳称为是向旧德国政策的回归。魏纳甚至在与苏联方面的谈话中与联邦政府划清界限，表达对自己未能充分参与政策的愤怒。更为严重的是，他在记者面前以龌龊的方式辱骂勃兰特。他称勃兰特“倦怠温吞”，联邦政府群龙无首。如果不是公开挑战，那么这就是严重的失言行为。在联合国大会上发言的勃兰特，因此理所当然地中断了美国之行，返回波恩。但他必须确认，党执委会和议院党团委员会是否也赞同魏纳对柏林政策的部分批评。如果勃兰特果断将其撤职，或许可以对付魏纳，却将动摇政府和社民党，这也是勃兰特应该考虑的。无论如何，勃兰特最终接受了魏纳的道歉和“再给他一次机会”的请求。但两人的关系从此破裂，无法修复。最重要的是，勃兰特的威望受到了影响，因为他似乎在避免与魏纳对立。

媒体逐渐转向批评勃兰特。1973年夏以来，勃兰特可以言其所想，行其所愿，媒体对他的评论非常糟糕。在勃兰特六十岁生日之际，《明镜周刊》发行了以《纪念像在碎裂》为题的新一期周刊，封面上是一个布满裂痕的勃兰特半身塑像。

1974年3月的汉堡州议会选举结果也站在了勃兰特的对立面，社民党丢失了10%的选票。赫尔穆特·施密特认为这与社民党糟糕的状况有关，并将此间接归罪于勃兰特。

在诸多责任并非完全在于他本人的问题的积聚致使其地位被削弱之后，纪尧姆事件导致了勃兰特的下台。史塔西在勃兰特身边安插了一名间谍，在总理府负责政党联络，当时还没有机会获悉国家机密。虽然内政部长根舍告知勃兰特此人可疑，但因缺乏证据不能坐实，他得以保留职务。在勃兰特最后一次度假期间，机密文件经纪尧姆之手流出，其行径败露，间谍身份被曝光。根据宪法保卫局局长诺劳和媒体的估计，此人暗中侦查勃兰特的私生活，目的是用勃兰特的情史向他敲诈。

关于辞职决定的具体情况一直有争议。各工会负责人在与勃兰特会面时表达了对联邦政府政策的批评，而这期间，魏纳与勃兰特在巴特明斯特艾费尔的私下谈话显然对他的决定起到了关键作用。

魏纳拿着联邦刑事调查局所谓的调查结果与勃兰特对质，这份结果涉及勃兰特的私生活细节，或许已通过纪尧姆被东柏林获悉。魏纳希望说服勃兰特辞职，这也许是他一直以来的目的。与魏纳不同，施密特认为勃兰特的辞职决定是错误的，尽管在当时的状况下，他极有可能接任总理。施密特向其表达了自己的想法，但未能说服勃兰特。然而，勃兰特的夫人鲁特认为他的决定是合理的，她早就知道女人是勃兰特的弱点，并对其加以指责。她还认为，人必须承担责任。

这真是历史的讽刺。这位冒着风险寻求联邦共和国与民主德国以及东欧国家之间关系正常化的联邦政治家，却因史塔西的阴谋诡计陷入困境，因西德极其薄弱的防御以及媒体的搬弄是非而成为丑闻，疲惫不堪的勃兰特终于心灰意冷。毫无疑问，勃兰特的下台让许多受他激励而加入社民党或成为该党拥护者的人大为震动。不久，辞职事件逐渐成为勃兰特心中的谜团，他开始思考，尤其是魏纳在此次事件当中扮演的角色。勃兰特回忆时称，当时的精神状态若是像数年之后那般健康，他或许可以挺过这次危机。但一些同代人在勃兰特辞职后不久已经开始自我安慰，他的继任者更加适合担任总理，解决包括联邦共和国在内的全世界正在面对的经济问题。

勃兰特辞去总理之职，不仅标志着联邦德国政治主题的变更，也是社民党一大转折。此后，这件事仍不断折磨着勃兰特。

第七章

关于维利·勃兰特本人的问题

辞职事件常被视为勃兰特的垮台，让人怀疑其是否具备政治工作所必需的坚韧与果敢。1974年5月底，玛丽昂·登霍夫女伯爵在给乔治·凯南的信中写道，她希望“这样一个毫无猜忌的人、一位幻想家，同时也是一位伟大的现实主义者”获得真正的成功。历史学家格雷戈尔·舍尔根在他撰写的勃兰特传记中称，勃兰特一上任便意识到他已深陷圈套，追求总理之位对其而言根本就是一个误会，他非常怀念柏林，在波恩为了努力克服失败和忍受诽谤，他已经疲惫不堪。这个说法对勃兰特本人以及他与政治的关系，提出了一些原则性问题。

如果将勃兰特看作一名不懂政治的政治家，这是对他的误解。尤其是勃兰特在柏林的晋升、1969年联邦大选之后的宽厚行事，以及在许多其他场合的表现，都说明勃兰特非常了解政治家的日常事务，也懂得如何贯彻主张。但他反感传统的命令口气，更加倾向综合了理智、责任感、妥协能力的领导风格。自斯堪的纳维亚时期以来，他不再将政党想象成一支封闭的斗争队伍。

从某些方面来看，勃兰特与政治之间的关系别具一格。政治几乎是构成其个性的最重要因素。年轻的赫伯特·弗拉姆认为在学校和青年协会参与政治行动比在家庭关系中更能找到自我和自信。勃兰特走进政治，是为了被爱——舍尔根的这句名言有些夸大其词。但勃兰特在这里不仅找到了集体，也获得了个人肯定。政治成为其个人的一部分。他的儿子拉斯强调，并不存在一个完全私人的维利·勃兰特。

勃兰特快速发展的政治事业与其无法敞开心扉的内向性格以及因此而带来的一些私人问题不无关联。年轻时期与格特鲁德·迈尔之间的关系结束之后，各任夫人无疑是他未来人生阶段的重要同伴。他与知识分子安娜·卡洛塔结婚数年，并育有一女，离婚之后依然保持联系，她为他在斯堪的纳维亚出版书籍。随后的三十年他与鲁特在一起，鲁特原姓汉森，年轻时期已经投身于挪威工人运动，两人育有三个儿子，她对勃兰特在柏林和波恩的政治晋升起到了决定性作用。最后是历史学家和政治评论家布里吉特·泽巴赫，据勃兰特表述，他与泽巴赫之间以一种特殊的方式建立了一个“工作小组”。

严格来说，勃兰特不是一个顾家的人，但他与家人之间的关系也经历了不同的时期。1950年代和1960年代早期的家庭关系比之后的更加紧密。但他仍是一个孤独的人，即使在家里。他对女性有着很大的吸引力，这可能是1950年代他与苏珊娜·西弗斯来往的原因之一。两人关系结束之后，西弗斯通过记者汉斯·弗雷德里克于1961年公布了勃兰特的信件，给其造成了政治麻烦。1960年代早期，勃兰特达到权力顶峰之时与黑利·伊勒费尔德也有来往。可以说，勃兰特对待周遭的行为特征是害怕冲突，这或许反映了他本人也未曾真正意识到的期望。

不可忽视的是，政治在勃兰特的家庭关系中也或多或少扮演着重要角色。正如拉斯后来所称，家庭成员同样是勃兰特政治生涯的组成部分。1960年代，勃兰特同意儿子们参演根据格拉斯小说《猫与鼠》改编的电影，因为他认为自己是一个开明的父亲，也是如此扮演的。勃兰特对媒体持开放态度，呈现出一名新型政治家的形象，他的家人也因此牵涉其中。但勃兰特随即不得不面对儿子彼得和拉斯的活动，尤其是彼得在学生运动中的行动。

维利·勃兰特在柏林官邸花园与家人一起度过1965年星期天选举日

根据1950年代，甚至1960年代和1970年代的一些相关报道，维利·勃兰特不仅患有抑郁症，而且在秋季时常发作。很难说他的抑郁症到了何种程度。许多事情表明，勃兰特在极其疲顿和经历个人挫折后会抑郁发作，此时他便隐退休养。抑郁症给他的个人生活与政治工作造成了混乱，后来还被当作个人特征受到过度强调。用马蒂亚斯·勃兰特的话说，1972年联邦大选期间的勃兰特可能患上了职业倦怠症。不规律的生活作息使得1960年代的勃兰特在生理和心理上的巨大负荷不断加剧，这是无论如何都不可被低估的。

勃兰特的个人特征在于，公众场合的表现可以给他带来最佳状态，尤其是演讲，此外他总是需要退路。喜欢假日垂钓无疑是勃兰特的特点。但他同时也可以是一个乐于交际的人。他的众多出版物以及其他流传下来的文章证明，勃兰特善于反省，因此看上去似乎是一个好苦思冥想的人。从世界观的角度来看，他是一个不可知论者。无论如何，勃兰特是一个文人，这也能解释为何他与作家之间交往密切，并因此享有其他总理未曾有过的声誉。

第八章

过渡时期的社民党主席与社会党国际主席

辞去联邦总理一职对维利·勃兰特而言并不意味着退出政界，他进入了政治生涯中另一个独立的阶段，继续作为社民党主席影响着德国政治。此外，尤其作为社会党国际主席，勃兰特更多地参与国际层面的事务，还担任南北委员会主席以及欧洲议会议员数年。

但辞职事件是勃兰特从未完全克服的断裂，影响了他对自我的认识，使他更重视自我反省，这也体现在他的四卷回忆录当中：《那日以后——中期回顾》（1974年）、《相遇与认识——1960年至1975年》（1976年）、《左翼与自由，我的道路——1930年至1950年》（1982年）以及最后的《回忆》（1989年）。他如今对工人运动历史的研究更甚从前，这是他政治思考的一个重要媒介。

勃兰特的辞职事件与联邦共和国政治的全面转折同时发生，某种程度上来说，前者给后者打上了象征性的标记。随着人们意识到化石能源的有限性以及生态问题的重要性，因石油价格危机引发的经济和财政危机不仅结束了战后的高速增长周期，还给过去的进步思想带来了一场危机，于尔根·哈贝马斯为此提出了“新的非了然性”[①]概念。而保守主义的“倾向转折”[②]概念即使并非象征着否定，也意味着对过去的改革政策的修改。国际政治也有所变化：一方面，经济要素的重要性以及各国经济的互赖不断加强；另一方面，南北之间、东西之间的不平衡逐渐加剧。

维利·勃兰特全力参与其中，尝试进行政治定位、明确问题、解决冲突、寻求欧洲的和南北之间新的共同基础。与其他大部分杰出的活跃人士相比，勃兰特对新的发展更为敏锐。尽管他最终也被1989/1990年的剧变所震惊，但他比其他人更早意识到该事件的波及范围和后果。

社民党主席与联邦总理的关系

勃兰特辞职之后，社民党领导层一致同意由他继续担任社民党主席。赫尔穆特·施密特当时亦如此认为，之后却对自己不能角逐党主席之位有过短暂的遗憾。总理赫尔穆特·施密特在党领导层中与北威州州长海因茨·屈恩一同担任勃兰特的副主席。党主席及前总理勃兰特与联邦总理及党副主席赫尔穆特·施密特，这样的职务分配使得年龄仅差五岁，个人经历和政治风格却迥然不同的两人之间的关系异

① 出自哈贝马斯 1985 年《新的非了然性》，该书主要探讨了现代民主的概念及正当性，包括对民族、国家和历史意识等问题的讨论。

② 1970 年代出现在联邦德国的一种保守主义倾向，主张摆脱纳粹主义阴影，树立新的历史意识与认同。

常复杂。他们与素来在党内众望攸归的社民党党团主席赫伯特·魏纳共同组成三驾马车，他们的关系同样不简单。1974年之后，施密特在三人之中的分量与日俱增，但勃兰特依然继续手握权力，担任社民党主席至1987年，甚至超过了施密特的总理任期。

据冈特·霍夫曼称，施密特在1960年代甚至1970年代初期仍在追求与勃兰特之间的友好关系，但勃兰特对此反应冷淡。勃兰特担任总理期间，两人之间的关系发生了变化，施密特终于进入内阁，且或多或少对勃兰特的领导风格进行过公开批评，最后一次是在1974年汉堡选举之后。尽管施密特被视为可能的总理人选，但他并不公开谋求总理之位，并且假意考虑退出政界，甚至对勃兰特的辞职提出批评，即便他极有可能在当时的局势下接任总理。

尽管最初的局面非常艰难，勃兰特与施密特在新的角色当中反而意外地更加合拍。施密特全身心投入总理这一新职务，勃兰特也有更多时间从事他一直重视的党内工作。1975年，勃兰特在给施密特的一封信中为社民党辩护，称社民党远远超过他的想象，并建议施密特明确展现出自己身为社民党人的身份。在对社民党不同的评断背后，是两人不同的党派构想。1976年联邦大选，他们以互补的立场共同提交了一份小册子。

当基民盟 / 基社盟发动运动，对社民党向东方社会主义靠拢提出质疑，勃兰特与施密特一致对此表示严厉批评，认为这将破坏民主人士的共识。勃兰特甚至称此为一种“内战形式"。勃兰特在1970年代早期为了划清界限，重拾1960年代几乎从未使用过的"民主社会主义"概念，但其意图并非在于进攻，因此社民党自然容易遭受攻击。勃兰特在一份学术报告中尝试说明"通过社会主义实现自由"的理念，但未能赢得公众的理解。1976年社民党竞选纲领的核心"德国模式"强调联邦共和国相对良好的经济形势，为实际的目标构想提供框架，但无法掀起对社民党的热情。这份纲领既符合变幻的局势，也符合新总理赫尔穆特·施密特的政治见解，带来了进步的社团主义，使广大阶层都参与到经济和教育发展之中。

1976年联邦大选惊险取胜之后（社民党和自民党的支持率分别为42.6%和7.9%，基民盟/基社盟为48.6%），政府在新一届议会任期中面临一个更加艰难的开端，勃兰特和施密特尝试重新确定政府和社民党的角色。他们认为社民党应着眼于原则性问题以及更为长远的前景，而政府则应以负责且独立的方式采取具体行动。但施密特不希望被局限于实际行动，认为有必要让社民党参与政府政策并在公众当中为其辩护。勃兰特对此想法不同，他希望社民党能够拥有自由空间。

尽管政府和社民党的角色分配已经协商确定，但鉴于危机管理在政府政策形成中的主导地位，社民党内部形成了一种视自己为政府反对者的趋势。勃兰特担任政府首脑时也感受到这种党内倾向——在参与执政的同时一定程度上充当反对党的角色。如今经济发展不景气，政府工作活动空间不足，因此这种党内倾向愈发强烈，并将勃兰特推向幕前。党内开始发起“勃兰特复兴”运动，在勃兰特1978年早秋罹患心肌梗死时也没有中断。施密特虽然在党内的支持者较少，却赢得了更多公众的拥护。施密特很快被视为西方世界的主要政治家之一，国内外许多人认为他是“世界经济学家”。勃兰特在国际上也扮演着重要角色，但不及施密特瞩目。沃尔夫冈·耶格尔表示，勃兰特在党内代表着“希望”，施密特则代表着“权能”。尽管施密特的雄辩令党内信服，但勃兰特依然是更加靠近社民党灵魂的那个人。

勃兰特、施密特和魏纳竭力合作，但随着时间的推移，受到各自周围环境（身边的助手）以及热衷于报道争端的媒体影响，三人之间的摩擦不断升级。1970年代末和1980年代初，勃兰特与施密特之间的矛盾主要涉及两个主题，一是北约双重决议与和平运动，二是关于社民党角色及融合能力的不同构想。在南北政策上的意见分歧因二人身份不同而不具可比性：勃兰特是南北委员会主席，施密特是七国集团的意见领袖之一。

勃兰特与施密特在裁军政策上的出发点是一致的。缓和政策必然影响到军备政策和裁军政策，因此二人都支持相互均衡裁军（MBFR）谈判。与魏纳在《新社会》报刊中针对该问题公开发表了一篇文章不同，勃兰特并未公开参与讨论关于苏联中程导弹在欧洲相较于西方与日俱增的优势以及西方的对抗措施，在总理府的重要会议中也未曾表态。但所有的事情证明，勃兰特极不愿意支持北约双重决议，即为了恢复欧洲战略均势，同苏联展开中程导弹谈判，如若谈判失败将动用西方的火箭和巡航导弹。决议从1977年开始筹备，1979年12月在北约获得正式批准，从1960年代开始主张均势论的施密特无疑是其倡导者之一。如果一周前的联邦党代会拒绝该项决议，施密特和社民党的执政能力可能会遭到质疑，因此勃兰特在这个充满争议的辩论中对党代会议案表示了支持，即便“并不十分热心”。勃兰特在回忆录中表示，他对均势论和威慑论的怀疑，以及对克里姆林宫将使用恐吓武器进行勒索的担忧，在后来明显与日俱增。和平运动在工会、社民党以及社民党联邦议院党团中赢得越来越多的拥护者，也给这位曾获得诺贝尔和平奖的社民党主席留下深刻印象。1981年，维利·勃兰特在双重决议中逐渐获得独立自主的立场。

勃兰特甚至出面参与可操作性的政策。他于1981年6月前往莫斯科与苏联高层进行会谈。若西方吸纳法国和英国的核武器及其他武器装备，莫斯科高层似乎将会在苏联部署中程导弹的问题上对西方妥协。与美国政府的态度不同，勃兰特有些草率地将此视为解决问题的前景。但赫尔穆特·施密特以及西方各国政府并不如此认为。联邦总理施密特请求社民党主席勃兰特劝告和平运动中最出名的社民党代表，即主席团成员艾哈德·埃普勒尔，勿要在1981年10月波恩王宫花园的大型和平集会中现身。勃兰特不仅并未如施密特所愿，还赞成埃普勒尔参与集会，但前提条件是不能有共产主义者发表演讲。这使得勃兰特与施密特渐行渐远。埃普勒尔在集会上表示，他相信联邦政府也想要和平和裁军，并以尖锐的措辞对北约双重决议进行抨击，在原则上质疑吓阻、平衡和军备竞赛的逻辑，拒绝西方补充装备。显然部分社民党人对总理施密特的政策持反对态度，勃兰特即便没有支持他们，也纵容了他们。

勃兰特并不希望与和平运动为敌，却因此影响了与赫尔穆特·施密特的关系。另一方面，他也不愿危害到施密特的总理之位以及社民-自民联盟。1982年4月的慕尼黑党代会上，执委会以埃贡·巴尔的方案为基础作出决议，在社民党认同当前的谈判结果之前，不进行中程导弹部署。赫尔穆特·施密特以及国防部长汉斯·阿佩尔对此表示接受。勃兰特回顾时称，执政联盟并未在补充装备问题上失败，他最终仍与社民-自民联盟站在同一阵线。他说的确实没错。

社民党在联盟结束后转而支持埃贡·巴尔制定的共同安全方案，并且拒绝补充装备，这无疑是勃兰特的功劳。两个超级强国的政治为他提供了理由：身患疾病的列昂尼德·勃列日涅夫的执行力与日俱增，而罗纳德·里根在勃兰特看来不仅对削减中程导弹毫无兴趣，而且计划通过一项包含宇宙空间的战略防御倡议争夺军事优势。在1983年10月波恩和平运动的大型集会上，勃兰特在三十多万人面前宣称，他虽然捍卫和平运动的目标，但也支持联邦共和国作为北约成员国的身份，这引起少数参与者的不满。在不久之后的科隆党代会上，维利·勃兰特的新方针获得压倒性的多数支持，仅十三名代表与赫尔穆特·施密特一样支持补充装备。勃兰特与施密特之间的距离显而易见。

北约双重决议推迟至1987年，那年达成的双零点方案[①]得到施密特的认可，勃兰特却对维护它的合理性感到了压力。除了北约双重决议之外，多年以来两人不同的党派构想和对真实政党的感知差异，都是导致对立与紧张的原因。勃兰特在1977年汉堡党代会上为吸收六八一代进入社民党进行辩护，认为他们的融入既是社民党，也是他本人身为主席的一项重大成就。他将社民党视为一项不同群体之间的契约。“如果社民党没有勇于接受1968年不安生的这一代人进入我们的队伍，参与我们的辩论，那么，我们的党会在哪里？我们的社会、我们的国家会在哪里？”他认为此次实验就整体而言是成功的，是“一项稳定民主与保障内部和平的重要贡献”。赫尔穆特·施密特则认为党内的界限模糊不清，“自咎”的倾向以及极端主义形式在威胁着把社民党推向类似意大利南尼的社会主义者阵线。

虽然1970年代中期关于《1975—1985年经济政治大纲》的讨论使得各派对纲领达成一致，但社民党内部讨论愈发受到新社会运动影响。社民党人还倡导一种新的生态意识，并对当前能源政策的主要部分，包括核能等各种能源载体，以及交通政策的大型项目提出质疑，导致与工会之间的紧张关系，后者认为这会损害就业。党领导层因此面临挑战。

维利·勃兰特始终力求让社民党对社会进程保持开放态

① 苏联和美国关于消除欧洲中程和短程导弹的一项协议，由戈尔巴乔夫于1987年4月14日提出，美国于同年6月15日宣布接受。

度，他早前曾经指出新社会运动以及一种全新政党的趋势，但并未制定战略去阻碍这种新政党的形成。因为在1977年他已经建议社民党伸长触角，接受倡议诉求，从而使绿党[①]成为多余。1981年是委员会主席维利·艾希勒的十周年忌辰，他曾负责《哥德斯堡纲领》的制订。勃兰特在纪念活动上发表演讲，就社民党的身份认同问题强调，新思潮的追求对“民主社会主义的目标”而言并不陌生。“他们抵制科技的巨大成就，因为它破坏了自然以及值得保护的居住形式。有人反对匿名化，反对大型官僚机器的不人道行为。还有人力求恢复生活与经验，寻求结合工作与余暇、工作与文化的新方式。”勃兰特巧妙地问道，这些难道不是社民党的目标吗？1969年，为了“改变这个腐朽的基民盟国家”，他提出“敢于更多民主”的格言，如今他将这一原则与新思潮的努力结合在一起。

勃兰特的看法使得部分新社会运动融入社民党。他的多年好友、柏林自由大学政治学家、社民党基本价值委员会副主席里夏德·勒文塔尔对此表示批评。他在一份文件中强调社民党与工业社会的关联，表明雇员群体是政党基础，认为让工业社会的“退出者”融入社民党是不恰当的。许多社民党人，尤其是工会，起初还包括赫伯特·魏纳，都赞同勒文塔尔的论断。但勃兰特的话在当时的党内争论中仍是一言九鼎。

赫尔穆特·施密特在其总理生涯结束后写给勃兰特的一

① 德国环境保护主义政党，提倡绿色政治，反对扩军、核能与和过度工业化。它是新社会运动的一部分。

封信中强调了两人在政党发展问题上的意见分歧，对“允许德国市民阶层青年运动第三次回归”进行了尖锐批评，称该运动是“理想化的、脱离现实的浪漫主义”。最重要的是，人们本应该立场坚定地对待这场运动。职业青年被排挤到边缘，社民党愈发脱离倍倍尔式以及舒马赫式的政党，或许在朝着美国民主人士的方向移动。分歧显而易见，施密特如今更加认为自己未参与1974年党主席角逐的决定是一个错误。

1980年代早期，勃兰特在彼得·格洛茨的影响下提出一个问题：是什么将社民党紧紧联系在一起？回答这个问题需要重新对历史进行思考，例如成立历史委员会、恢复被迫害的社民党人工作小组以及成立文化论坛。格洛茨在着手研究由安东尼奥·葛兰西提出的文化霸权概念，想要将这个概念转变为政治理念极为不易。

为了和平、自由、公平和团结的国际事业

辞去总理之职后，维利·勃兰特承担了多项国际任务，通过两百多次国外之行，与各政府和组织进行了无数次会谈。他最重要的国际职务是社会党国际主席。他五次连任，担任该职务直至离世。1976年秋，勃兰特接任主席时对组织的工作能力提出要求。社会党国际迎来了一段新的鼎盛时期，规模显著扩大，成为一个促进国际交流与解决国际冲突的独立论坛，勃兰特对此功不可没。尽管社会党国际的各委员会和大会是这种意见交流的首要途径，但其决策因宽松的

组织形式并无太强的约束力。

勃兰特希望通过社会党国际在国际上贯彻民主社会主义观念。但他也清楚，各国和各区域的政治文化特点并不相同。接任该职之前，他已经在结束独裁的伊比利亚半岛努力推行过西方的民主思想。勃兰特与联邦德国社民党支持马里奥·苏亚雷斯和形式上创立于西德的葡萄牙社会党，以及由年轻的菲利普·冈萨雷斯主席领导的西班牙工社党——勃兰特在冈萨雷斯的政治道路上扮演了父亲的角色。勃兰特在外交政策上侧重建立民主。他警告莫斯科领导层切莫试图染指葡萄牙和西班牙，并且为葡萄牙的民主发展领导了一个联合社会民主党派和社会主义党派的团结委员会。在弗里德里希·埃伯特基金会的支持下，勃兰特与西德社民党人无疑对葡萄牙的民主稳定以及西班牙的民主贯彻作出了巨大贡献，但这也得益于两国社会民主党的推动。

对勃兰特而言，社会党国际主席一职也关乎东西方关系，裁军问题对他和社会党国际尤为重要。对此他希望维持缓和关系，进一步推动整个欧洲的合作。因此，对于东欧在此期间发展起来的持不同政见者和反对派运动，勃兰特表现得更为审慎。虽然他私下为几名突出的持不同政见者提供支持，例如七七宪章的签名者，但他仍对参差不齐的反对者持保留态度，这些人在他看来似乎是“世俗的神秘主义者”以及退化的民族主义者。

在缓和政策优先的背景下，社会党国际主席勃兰特针对1981年波兰宣布军事管制和取缔团结工会发表的声明很温和，这引发了法国和意大利社会主义人士的批评。在随后召开的主席团特别会议上，对波兰团结工会采取的措施遭到强烈谴责。勃兰特与赫尔穆特·施密特及其他西方观察员一样，对苏联及其他华约国家的军队进驻表示担忧，这将意味着缓和政策的终结。与之相较，“波兰解决方案”似乎是两害相权取其轻。但勃兰特之后低估了波兰团结工会的影响力。1985年，勃兰特到访波兰时并未与诺贝尔和平奖获得者莱赫·瓦文萨进行会谈，却与后来的总理塔德乌什·马佐维耶茨基会面，责任并非在于他一人；瓦文萨和勃兰特1989年才在波恩进行会谈。

欧洲对维利·勃兰特而言仍然重要，但他试图以社会党国际主席的身份消除欧洲中心世界观，关注世界各个区域的形势、问题和冲突。勃兰特尤为重视拉美问题。1976年，他已经在一年前由他创办的“和平与进步联盟”的框架内，推动欧洲的和拉美的左翼政党在加拉加斯会面。社会党国际支持尼加拉瓜桑地诺民族解放阵线，尽管勃兰特对其政策表示批评，且试图对其进行节制，但社会党国际支持该党争取自决权、反对特殊美国利益的运动。1984年，勃兰特与菲德尔·卡斯特罗的会面具有极强的象征性意义。1986年，社会党国际大会在利马召开。

社会党国际的工作还涉及南非地区。勃兰特与社会党国际在那里与种族隔离政权作斗争。对非洲解放运动的同情和支持，使得勃兰特与社民党人遭到德国国内公众的批判。

另一个棘手的领域是中东冲突。1950年代以来，以色列工人党在社会党国际内部扮演了举足轻重的角色。但在布鲁诺·克赖斯基与维利·勃兰特的推动下，社会党国际寻求一个能兼顾巴勒斯坦人的权利和利益的解决方案。两人因此于1979年7月与巴勒斯坦解放组织领导人亚西尔·阿拉法特、以色列政治家西蒙·佩雷斯、埃及总统安瓦尔·萨达特进行会面，希望进一步推动由萨达特发起的和平进程，但并没有取得突破。

勃兰特担任主席期间，社会党国际在1970年代后期和1980年代对裁军、世界粮食安全、重大区域冲突等主要全球性问题非常关注，这给社会党国际与勃兰特带来极高的国际声誉。正如贝恩德·罗特尔和沃尔夫冈·施密特所言，社会党国际从未，也再未像维利·勃兰特担任主席期间那般，在国际政治中扮演如此重要的角色。

20世纪后期，勃兰特工作的重中之重是南北关系，即所谓发展中国家的形势及其与工业国家之间的关系。1977年夏，经过一番斟酌后，勃兰特宣布出任在世界银行行长麦克纳马拉倡议下成立的南北委员会的领导人，前提是委员会将独立于世界银行。该组织获得资金保障，其职责是为改善工业国家与发展中国家之间的关系提供建议，包括国际经济秩序问题以及寻求发展援助政策新开端的问题。其组织建构反映了西方国家与第三世界的利益及方向政策差异，但并未成功说服苏联和东方国家共同参与。委员会共有二十一名成员，其中包括：英国前保守党首相爱德华·希思、智利前总统爱德华多·弗雷、瑞典前社民党首相奥洛夫·帕尔梅（他将再度成为下一任首相)、一名加拿大工会领导人、一名尼克松政府银行家、英联邦总秘书长、来自阿尔及利亚和坦桑尼亚的第三世界代表等，他们强烈要求建立一种“新的经济秩序”。德高望重的勃兰特负责整合委员会，耐心寻求各方意见的一致。他曾因心肌梗死短暂中断工作，这使得委员会的工作能力一度受到影响。维利·勃兰特将第三世界人民的处境视为“20世纪末期最大的社会问题”，鉴于“饥饿与战争、军备与倒退之间的关联”，这将对和平产生危害。再者，紧密合作可以使双方获益。

1977年12月9日，南北委员会开幕式会议在波恩吉姆尼希城堡举行

1980年，委员会面对不断加剧的国际紧张局势提出建议，并于1983年对其进行补充，包括1985年紧急纲领以及

世纪之交纲领，却因工业国家的抗议未能得以实施。但委员会的工作以及以勃兰特命名的报告意义重大，因为这强化了问题意识，从不同的角度，即以工业国家伙伴的角色，观察第三世界国家，虽然低估了发展中国家之间日益凸显的差异性。

委员会报告被弗兰茨·努舍勒称为“发展援助政策意识形成的划时代之作”。序言中包含了勃兰特关于人们今天称之为“全球治理”的思考。他强调环境污染的全球责任、能源经济以及南半球人民的处境。维利·勃兰特无疑是率先使用“全球化”以及出自卡尔·弗里德里希·冯·魏茨泽克的“世界内政”概念的先驱之一。他为这些概念注入了实质性和标准化的内容，与后来主流的单方面的经济学定义有着明显不同。

除了国际事业，勃兰特对西欧的进一步具体发展也保持着兴趣，鉴于他的生平和他的政治努力的长期延续性，这一点不足为奇。1979年勃兰特作为社民党首席候选人参加欧洲议会的首次直选。他担任欧洲议员直至1983年，然后因其他事务而辞职，也因为欧洲议会未能进入欧洲决策核心而感到些许失望。

社民党政策的新方向?

1982年，社民党重新回归反对党阵营，因此面临着政党重新定位的问题。事实上社民党已经开始接纳新的立场，同时尝试尽可能维持对实际政策的影响。这两方面都得到了维利·勃兰特的支持，尽管支持程度有限。维利·勃兰特正越来越融入党主席角色，部分也是出于他的国际责任。

在个别重大问题上，党内反对派的立场与赫尔穆特·施密特的相悖，尤其是中程导弹以及和平使用核能的问题。调整的背后事实上是政策的变更。

社民党如今接受埃贡·巴尔提出的共同安全计划，以此寻求集团间的安全结构，这导致了西欧国家及美国对社民党的批评，它们对党的结盟诚意表示怀疑，并称其传播反美主义。维利·勃兰特面对指责决然为自己辩护。但另一方面，若将埃贡·巴尔的表述方式理解为社民党与美苏两国保持等距，勃兰特也不会反驳。

在1982年失去权力后，社民党领导层担心和解政策会随着波恩政府的更迭而终结，从而形成一种新的对立局面，之前的成果都将化为泡影，但这种担忧并未成真。维利·勃兰特与社民党执委会在此形势下加强与统一社会党及其他政党的谈话。据评论家称，勃兰特支持“次级外交政策”，尤其是通过与统一社会党代表进行谈话，提议在中欧建立无化学武器或核武器区，从而说明集团间进行安全政策讨论是可行的。值得注意的是，社民党与统一社会党之间所谓有争议的文件（《意识形态之争与共同安全》），是社民党基本价值委员会与统一社会党社会科学院的代表经过艰难讨论制定而成的。鉴于大家都认为和平受到威胁，文件于是寻求一种意识形态争论的新文化，即要求包括统一社会党在内的双方都允许各自领域出现对各自意识形态的反对意见，但统一社会党领导层因反对派对该文件的抗议而未能坚持到底。文件出台后，1987年联邦德国与民主德国的历史学家在波恩召开了关于最近历史的基本问题的会议，维利·勃兰特在会议上借助纲领讨论对社民党的一些基本立场进行了概述。

基于戈尔巴乔夫“全欧大厦”的提议，联邦德国社民党与苏联共产党成立工作小组，这符合勃兰特的构想。勃兰特重视从结构上确定缓和政策，这促使西德社民党人与其他共产主义政党进行对话。

内政问题对社民党的反对党政策尤为重要。自1982年以来，社民党愈发关注生态问题，并很快调整对核电站问题的立场。勃兰特接受该讨论过程，但其本人并非意见领袖。面对新的挑战，他主张对《哥德斯堡纲领》进行“修订”。1984年埃森党代会决定，在《哥德斯堡纲领》的基础上制定一份新的基本纲领，由维利·勃兰特担任纲领委员会主席。一份由艾哈德·埃普勒尔主导的纲领草案于1987年出台，因其最终于伊尔湖完成，故以此地命名。不同于《哥德斯堡纲领》，新草案包括对党派历史和人类学思想的陈述，再次重申社民党的基本价值观，着手新社会运动提出的问题，例如性别问题、生态学的重要性、现代工作概念问题、对交流文化的要求。该草案遭到了公众的强烈质疑，或许是因为其吸收了对技术的批判思想。

勃兰特抵住了批评。在1987年社民党历史委员会大会上，身为社民党模范，勃兰特借鉴马克思强调一个“自由与公平的社会”，“在这个社会中，每个人的自由发展是所有人自由发展的前提条件”。社民党一如既往地捍卫进步，但进步并非是自发的，而必须被促成，并且需要考虑到生活的自然基础。此外，社民党作为一股和平力量以一种特殊的方式致力于欧洲事业。

尽管社民党尝试解决新的问题，但这也许是它在1980年代联邦议院选举中无法赢得多数支持的部分原因；另一个原因是绿党的发展给社民党造成不利影响，常常明显倾向基要主义立场。因此社民党与绿党在若干年之内都不太可能组成联盟。1983年汉斯－约亨·福格尔与1987年约翰内斯·劳皆在总理竞选中落败。1987年党主席勃兰特开始遭受批评。劳试图将其在北威州获得成功的方法运用到联邦层面，使社民党成为基民盟、自民党、绿党之外的另一大选择，却在竞选中被勃兰特制止，他认为42%的支持率是不错的成绩，与绿党组成联盟也是一种可行的选择。

1986年，勃兰特最后一次参与党主席竞选，但他对此似乎不太上心。他喜欢回顾党的历史，有时显得有些执拗。他希望推举朋友的女儿、年轻的无党派人士玛格丽特·玛蒂奥普洛斯为党发言人，对此党内出于不同的理由表示了反对。勃兰特原本可以执行这项决定，却因联邦总干事彼得·格洛茨的建议决定与其一起辞职。这一辞职经过与担任多年党主席、功勋卓越的勃兰特的重要性极不相称。

勃兰特在回忆录中轻描淡写地将当时的情形描述为“愉快的告别”，然而他是在特别党代会上隆重卸任的。勃兰特再一次发表演讲，强调自由价值的重大意义，称对其而言重

维利・勃兰特与世界各地的来宾共同庆祝七十五岁生日

要性仅次于和平。勃兰特的继任者是联邦议院社民党党团主席汉斯－约亨・福格尔，而他自己出任荣誉主席。勃兰特或许更希望由战后第三代社民党人代表奥斯卡・拉方丹接任主席，但拉方丹当时可能还无法胜任。1990年，两人因两德统一问题分道扬镳。

卸任党主席后，勃兰特在国内依然声望极高，在国际上更甚。1989年1月20日，联邦总统魏茨泽克组织为勃兰特庆祝七十五岁生日，到场的嘉宾有弗朗索瓦・密特朗、马里奥・苏亚雷斯、西蒙・佩雷斯、格罗・哈莱姆・布伦特兰、雅克・德洛尔、布鲁诺・克赖斯基、英瓦尔・卡尔松，以及赫尔穆特・科尔、瓦尔特・谢尔、汉斯・卡策尔等德国政治家，当然还有埃贡・巴尔、霍尔格・伯尔纳、比约恩・恩格霍姆、彼得・格洛茨、约翰内斯・劳以及汉斯－约亨・福格尔等社民党同僚。

1987年之后，勃兰特花费大量时间回顾人生，撰写回忆录。然而，此后勃兰特还将有一段重要的人生篇章，他可将此视为其政治追求的实现。

第九章

1989/1990年剧变——德国、欧洲和社民党的机会

1989年，能洞悉变幻局势的维利·勃兰特比其他人更早看清形势。他立即借此机会解决德国和欧洲的分裂问题。彼得·默泽布格对此作出了准确的评价：勃兰特感知到“政治大气候的变化”，“使己适时应务”，并站在西方立场尽可能地“尝试参与其中”。他不仅不同于社民党第三代重要代表人物，也不同于埃贡·巴尔和君特·格拉斯，他们已将欧洲中部这种现状主观化，格拉斯甚至捍卫它具有历史性依据。

维利·勃兰特是率先在1985年春天与苏联共产党新任总书记米哈伊尔·戈尔巴乔夫进行会面的西方政治家之一。他与戈尔巴乔夫定期联系，主要谈论南北关系、全球环境问题与全球安全政策问题，也涉及戈尔巴乔夫构想的“全欧大厦”。1989年6月16日戈尔巴乔夫访问波恩时，勃兰特在联邦议院的发言中对所有“走向法治和自由、欧洲自由道路的人”表示“欢迎”。他还提到了德国问题，认为“消除分裂的时刻已经临近，尤其是对同一民族的强制分裂”，其见解在当时无疑是非同寻常、高瞻远瞩的。次日艾哈德·埃普勒尔的发言也对此进行了呼应。

1989年9月，勃兰特变得更加明确。两德关系的进展不再不温不火，而是突飞猛进。他果断表达了“德国人对自决权的要求，这在《西方条约》中得到了认可，《东方条约》使之变为可能”。勃兰特在《图片报》的一篇文章中否认社民党人已经放弃统一，并强调，维护统一是新东方政策的基本主题。他将自决权与统一称为“跨政党的国家目标”。虽然勃兰特在此期间并不确定两德人民未来应该如何共同生存，但德国事务与欧洲事务紧密相关，这对他而言至关重要。1989年10月17日，勃兰特在与戈尔巴乔夫的会谈中以特殊方式将德国事务与欧洲事务联系起来。他强调，在欧洲国家相互靠近的道路上，两个德国比其他国家存在更多的相似性，这就带来了一个“共同屋顶”的问题——对此戈尔巴乔夫感到惊讶，回答时闪烁其词。在民主德国与东欧局势瞬息万变的背景下，勃兰特是第一位为解决德国问题开疆拓土的重要的德国政治家。

勃兰特在1980年代将无具体政策支撑的关于重新统一的修辞称为联邦共和国的“生命谎言”——1984年他在慕尼黑发表的演讲中如是说，关于阿登纳德国政策的要求和现实性的再次讨论或许也对其产生了影响。这当然会令人误解，致使一些观察员猜测勃兰特与其主张左翼重新统一政策的儿子彼得不同，会更加倾向后民族思想。维利·勃兰特从不将德国问题视为必然，却愈发认为统一的形式是开放的，也因此摒弃了“重新统一”（意指重建俾斯麦帝国）的概念。与科尔在1989年11月28日提出的《十点纲领》如出一辙，勃兰特在1989/1990年秋冬也有意在统一形式的问题上含糊其辞，因此转而使用“德意志联邦”这一概念。

维利·勃兰特提醒社民党坚持过去的政策，谴责所有的“扰动”。他在给汉斯-约亨·福格尔的信中写道：“若不撼动这腐朽的结构，就不可能为国民自由争取国土。”不同于大部分社民党人，勃兰特愈发认为这是革命的形势。

柏林墙倒塌对勃兰特这位柏林墙建造时期的主管市长而言，也是其个人的一次胜利。他在1989年11月10日的柏林集会上强调：“我一直坚信，用带刺铁丝网和死亡地带来建造混凝土隔离带与历史潮流逆向而行。”勃兰特谈到东方政策为渗透围墙而作出的旷日持久、坚定不移的努力。在此动荡的局势下，他还提到，“德国的苦难因纳粹恐怖政权及其

1989年11月11日柏林墙开放之后，勃兰特在勃兰登堡门前

发动的可怕战争”而开始。他凝练地概括了一番自己的政治生活经历。但现在，勃兰特表示：“如今，本属同根，共同成长。”

勃兰特坚决支持与统一社会党对抗的反对派以及柏林墙倒塌之后在民主德国迅速爆发的主张两德统一的群众运动，这与党内对解决两德问题持怀疑态度的派系截然相反，他们认为这至多在欧洲统一进程之后才能实现。最重要的代表人物恰巧就是在那以前被视为勃兰特“最喜爱的第三代人物”的奥斯卡·拉方丹。在11月11日党执委会和党团委员会的特别会议上，勃兰特提出警告，社民党在民族统一问题上太过“纠结”，尤其是在德国人“普遍团结”的时代。教条化地处理两德问题与“在民族国家中看见基本法的唯一衍生物”一样不合理。勃兰特为解决两德问题进行宣传，统一依然是其设想的具体解决方式。他在变革中看到了德国的机会、欧洲的机会以及社民党的机会。

1989年12月18日在柏林举行的社民党联邦党代会不可避免地涉及勃兰特与拉方丹之间的矛盾。拉方丹仅要求借助西方援助，改善民主德国的生活状况，使其达到联邦共和国的水平；他不认为德国统一是值得追求的目标，对东德人民的问题也没有正确的理解。相反，勃兰特相信自己数十年的政策能够获得成功，这一次他抱有同样的确信采取了行动。在解决德国问题上，虽然与欧洲的一致性对其而言至关重要，但他认为，在这样的变革局势下，德国进程也是整个欧洲的发展过程中克服分裂的特殊形式。从未有记载说德国人要“在轨道上停滞不前，直至整个欧洲的列车抵达车站”。两辆列车必须合理协调。勃兰特认为，解决局部问题有益于欧洲。

此外，勃兰特力求使德国融入欧洲，主张继续欧洲一体化进程，包括引入共同货币。经过数十年的合作，勃兰特转而反对始终以战胜国和占领国的视角看待德国问题，反对将两德问题视为德国罪责的后果。正因为勃兰特曾是希特勒反对者，数十年来追求与东西方邻国发展良好关系，在这样的局势下，勃兰特可以比其他人更加公平地致力于德国统一。

维利·勃兰特从1989年12月开始多次在民主德国万人集会上发言。除赫尔穆特·科尔以外，并无他人像维利·勃兰特那般受人拥戴，他再度经历了个人的胜利。1990年2月，民主德国社民党将勃兰特选为荣誉主席，该党于10月初在柏林附近的施万特成立，从1990年1月开始更名为德国社民党。勃兰特很快成为该党最重要的人物之一，而奥斯卡·拉方丹与东德人民和社民党人都未能建立任何联系。1990年之后，两人分道扬镳，很快便无话可说。当勃兰特致力于解决东方问题时，拉方丹仍在谈论统一带来的负担。虽然局势变化，拉方丹依然按原计划被提名为社民党总理候选人。德国统一的财政问题以及随之而来的经济社会问题无疑是举足轻重的政治问题，但拉方丹并未给出合理的解决方案。显然，事情发展让其大失所望。代表社民党的拉方丹在联邦大选中落败，勃兰特对此并不感到惊讶。在大选后的党执委会会议上，勃兰特少有地对拉方丹1989/1990年的立场提出明确且尖锐的批评。拉方丹并未尝试接替福格尔担任党主席。新任主席由石勒苏益格 - 荷尔斯泰因州州长比约恩・恩格霍姆出任。

1990年10月3日，在所有邻国的同意下，德国终于实现统一，维利・勃兰特自二战以来追求的一项重要政治目标无疑已经成为现实。1991年联邦议院决定将首都、政府和议会所在地设在柏林，这也符合勃兰特的意愿，他曾在联邦议院为此争取。

有一个问题却让勃兰特始料未及。他期望东欧社民党能够经历一次快速复兴，但各地的钟摆依然向右偏移，或政治变化过程仅仅停留在表面。社民党因其虚弱的民主传统很难形成一股独立的力量，更多是容纳各方力量的框架。

勃兰特当然知道，历史并未如美国人弗朗西斯・福山所言的那样已经终结。在离世前的最后两次大型演讲中，勃兰特还在关注欧洲未来的构筑以及德国统一的艰难进程。

1992年3月，联邦议院对设立调查委员会一事进行辩论，该委员会负责对统一社会党独裁的历史和后果进行分析。勃兰特在发言中如此描述当前的局势："我们知道，通向德国统一的道路比大多人想象的更为坎坷，代价更加昂贵。比起应该要承担的责任，分裂造成的无形后果以及统一社会党政权的后续影响可能更久、更紧地束缚我们的力量，我绝非唯一一个有此体会的人……共同成长总是一个矛盾的过程。为了使其能够顺利进行，一方面绝不允许用沉默的斗篷掩盖严重不公，另一方面也不能容忍蔓延的怀疑让过去的体制卷土重来。”勃兰特表示，专制行为与对抗专制的行为易被曲解，借此影射自身的经验。

1992年5月初，勃兰特在卢森堡社民党人面前发表演讲，阐述其为整个欧洲制定政治纲领的基本路线，他认为这与欧共体并不矛盾，更尝试将两者结合。“不同密度的欧洲”对其而言是切合实际的：“以我们的共同体为核心，周围环绕着一个由各联合国家组成的小圆圈，以及另一个由高质量合作且关系愈发紧密的各个国家组成的大圆圈。”中欧、东欧国家也应当被纳入欧共体。此外，此次演讲还包含勃兰特对新马歇尔计划和保护区建设的思考，后者将为有竞争力的产业以及欧洲安全服务。勃兰特的见解受局势影响，但他自流亡时期以来对欧洲的构想持续不变。欧洲由始至终都是勃兰特的主题之一。

勃兰特坚信，如今的德国必须承担更大的国际责任。在1991年5月的不来梅党代会上，勃兰特的想法未能实现，德国很难回避联合国领导的军事措施。对于德国参与联合国维和行动一事，社民党一直难以抉择。直至世纪末，巴尔干地区发生的系列事件才使得社民党明确调整立场。

第十章

生命的终结与世人的敬仰

从某些方面来看，1990年的勃兰特已经拥有圆满人生。他理所当然是德国统一的代表性人物。但他依然作为元老级政治家继续投身于国际事务直到最后。科威特被萨达姆占领之后，伊拉克独裁者试图利用国际人质来保护自己免遭军事制裁。七十七岁的勃兰特再一次扮演国际角色，前往伊拉克解救国际人质且取得了一些成效。勃兰特寻求一种和平解决冲突的方法，却未能成功：科威特在美国的带领下通过军事手段获得了解放。

1991年10月，医生诊断出勃兰特患有肠癌。他接受了手术，似乎已经康复。但数月之后癌症复发。勃兰特于1992年5月再次接受手术，但癌细胞扩散范围太广，已经无法治愈。

勃兰特于1989年迁入位于莱茵河畔温克尔的新居，在夫人布里吉特·泽巴赫的照料下度过了生命最后数月。在此期间，曾经的同伴前来看望勃兰特：埃贡·巴尔、霍尔格·伯尔纳、汉斯－约亨·福格尔、约翰内斯·劳、汉斯·科施尼克，还有赫尔穆特·施密特。勃兰特与施密特之间的联络从未中断。1991年，两人深入交谈，并且达成和解，这对二人而言都至关重要。1992年，勃兰特与施密特相互告别，作为曾经出于相同的动机，为了共同的目标而奋斗的朋友。

来访者当中还有总理赫尔穆特·科尔、菲利普·冈萨雷斯以及米哈伊尔·戈尔巴乔夫，但勃兰特的夫人布里吉特大概不知戈尔巴乔夫是前苏联总统，将其拒于门外。勃兰特的儿子们常来看望，彼得是最后一位来访者。勃兰特于1992年10月8日离世。

勃兰特未能参加1992年9月中旬的社会党国际大会。大会欢迎词当中有几句话之后多次被引用："1989/1990年时代变迁之后，世界依然没有变得'美好'。但我们的时代前所未有地充满机会，有好的有坏的。没有什么是理所当然的。因此，记住你们的力量，每个时代都想要自己的答案，若想让世界变得美好，我们必须站在时代的顶端。"

听上去有点像勃兰特的人生经验，这位政治实干家总在适应并采取政治行动以应对新的局势和挑战。对他而言同样至关重要的是他的力量，其主要来源于价值导向。

勃兰特的葬礼以国葬形式在首都柏林国会大厦举行，象征性地表明了统一的德国对勃兰特的认同，而这又反过来表明他对消除分裂作出的贡献，让人不禁缅怀其政治生涯当中一个重要的阶段。除了德国官方代表——其中一些人还曾经激烈且恶意地与勃兰特对抗，追悼会还聚集了欧洲各国以及全世界的无数来宾，包括联合国秘书长布特罗斯·加利、法国总统密特朗、英国查尔斯王子、米哈伊尔·戈尔巴乔夫，以及社会党国际的政治家们。联邦总统里夏德·冯·魏茨泽克与总理赫尔穆特·科尔颂扬勃兰特对解决纳粹时期遗留问题以及消除东西方对抗所作出的贡献。在这几点关键问题上，勃兰特显然有别于混乱困惑的基民盟/基社盟。

社民党主席比约恩·恩格霍姆谈论勃兰特这位任职多年的党主席时，称他是“世界的、欧洲的、爱国的、好改革的、左翼的、自由的”，并强调其在民主融入方面的成就。菲利普·冈萨雷斯的发言让人尤为印象深刻，他视自己为勃兰特在政治道路上的儿子，认为勃兰特不仅代表着西班牙的民主——勃兰特曾经全心致力于在西班牙贯彻和维护民主——也代表着社会党国际。他以发言中的最后一句话“再见，朋友”向维利·勃兰特诚挚告别。

勃兰特的棺柩由联邦国防军士兵从国会大厦抬往柏林策伦多夫森林墓地进行安葬，就在恩斯特·罗伊特墓穴的附近。勃兰特曾以罗伊特为榜样，并进一步延续了他的政策。国葬是勃兰特本人所愿，也是民主统一的德国在统一之后第一次具有象征意义的公告，勃兰特漫长的政治生涯都在为之而奋斗。

后来，勃兰特受到各方颂扬，包括其他重要的当代人物，例如米哈伊尔·戈尔巴乔夫在回忆录中描述勃兰特不仅是一位“伟人”，还是“我们这个时代最伟大的政治家之一”。勃兰特在世时曾短暂遭到德国社会部分人的恶意摈斥，他离世后，这些声音也逐渐减弱。勃兰特不仅是社民党记忆中的一位重要人物，还特别因其象征性的伟大姿态被多次奉为新德国圣像，例如华沙之跪，其圣像意义可从历史语境中去理解。

第十一章

维利·勃兰特及其遗产的重要意义

如今，维利·勃兰特理应被称为世纪人物，甚至超越了社民党的范畴。他不仅对抗纳粹独裁，还与斯大林主义进行斗争，为将德国建设成为一个与欧洲密不可分的民主社会铺平道路。他尤其体现了社民党为了在“短暂的20世纪”贯彻和平与自由所作出的努力。

勃兰特自斯堪的纳维亚流亡时期以来的思想基础是能够容纳各种政治形式的开放的民主社会主义，这种思想源于其个人经历，拒绝一切政治教条，而试图以价值导向改变局势。勃兰特的核心理念是自由，此外还包括远离贫困、争取自决权和参与权，它们与公平团结的价值观相互关联。勃兰特的政策将德国视为欧洲的一部分，追求一个欧洲的德国和一个统一的欧洲。他越来越重视国际政治，并将此称为“世界内政”，这与全球责任相符，因此尤其需要在高速发展的工业国家与第三世界国家之间建立一种新的关系。

勃兰特在每一个人生阶段都能够重新适应变化的局势，并联系过去的经验。他的这种能力尤为突出，也使其成为一位有特殊意义的世纪人物；他一方面反映时代，另一方面尽可能对当时的事件施加影响，尤其在1970年代。

一方面，勃兰特对政治的理解具有能动性，不愿接受既定的形势；另一方面，勃兰特了解结构和时代的气候，并以此估量其政策。因此他在进程中思考政治，有时有必要观望事态如何发展。此外他并不排除长期目标和理智的现实主义。当然其政策亦非毫无矛盾，勃兰特本人对此非常清楚，他同样明白对当下形势给予重视的必要性。但这常常是指导性的、可持续的。

勃兰特的影响是多方面的。第一，他对社民党1950年代以来的政策和自我认识产生了深刻影响。联邦共和国成立之后的十年里，勃兰特作为政党改革者之一，以斯堪的纳维亚模式为导向，希望消除社民党的传统主义。作为总理候选人和党主席，勃兰特无疑代表了哥德斯堡会议之后的社民党。自1960年代晚期以来，他在重重阻力之下贯彻向政治学术青年开放的政策，主张旧派工人运动向现代化社民党转型。因其对决策程序和新式党羽构成的强化，现代化社民党的政治文化与老派社民党有着明显差异。这种主张虽然被部分党内人士视为一种损失——赫尔穆特·施密特批评它将破坏政党行动力，但这是社民党想要到达时代顶峰必须付出的代价。

第二，勃兰特对德国政治理念的变化产生了重要影响。1960年代以来，勃兰特使得联邦德国政治理念极大地民主化与非意识形态化，社民党在其影响下开始吸纳以参与为目的的社会趋势。勃兰特同时主张精神和文化自由，因而在文化工作者和知识分子当中赢得了声望。

或许更为重要的是，勃兰特在1970年代通过接受德国应付出的代价，打破了二战以来形成的现实状况，这对其而言既是道德信条，亦是政治智慧。但勃兰特在外交和内政上强烈主张的现实主义绝不仅仅满足于已经实现的，同时还尝试通过改革政策改变局势，因此与常被误解为“幻象”概念的政治空想联系在一起。

第三，勃兰特自流亡时期以来就主张“欧洲的德国”模式，并为此竭尽全力。它最终超越了特殊的德国道路这种传统民族国家的狭隘观念，在东西方对抗的局势下促进了政治文化的西方化。他的主张与康拉德·阿登纳非常接近，虽然总体而言勃兰特更以整个德国和整个欧洲为导向。勃兰特以理智、解放以及社会公平为宗旨进行改造，目标是建设西方多元化社会。正如人们多次强调的那样，勃兰特的东方政策在某些方面是对阿登纳西方政策的补充——勃兰特本质上对阿登纳的政策持肯定态度。但由赫尔穆特·施密特以及赫尔穆特·科尔进一步推动的勃兰特式东方政策，不仅仅是欧洲安全与合作议程的先决条件，也是1989/1990年消除欧洲东西方冲突的前提。它们的意义远远超越了德国的范畴。

第四，对勃兰特而言，与“欧洲的德国”这一模式密不可分的是实现欧洲和平秩序和欧洲联盟，两者他都曾全力推进。在他眼里，自己身为总理坚决投入的西方一体化政策与着眼于整块大陆的欧洲政策并不矛盾，身为其长期战友的埃贡·巴尔对此却并不完全赞同。勃兰特有能力在抗议声中从事政治。

第五，自1970年代以来，勃兰特作为全球思想的先驱人物产生了极为重要的影响。其继任者赫尔穆特·施密特作为世界经济学家，在担任联邦总理时推进一种新的国际思想，但主要着眼于发达工业国家之间的合作。而勃兰特作为全球治理的开路先锋，将世界其他区域，尤其是非洲和拉美也纳入伙伴行列，尝试在消除饥饿和贫困方面起推动作用。

尽管形成于20世纪下半叶具体的历史背景中，勃兰特式的思想和行动仍然能轻易地对当代和将来的政治作出推论。当然，当今世界的某些问题，例如宗教文化矛盾的重要性，并非勃兰特思想的核心部分。但这位“社民党世纪人物”似乎对21世纪也有所影响，或许是因为勃兰特总在不断地寻找新道路，为了在这个变幻的世界实现和平、自由和公平。

时间表

1913年	12月18日出生于吕贝克，名为赫伯特·恩斯特·卡尔·弗拉姆
1930年	加入德国社民党
1931年	转入社会主义工人党
1933年	流亡挪威
1941年	与卡洛塔·索尔基德森结婚
1944年	在瑞典加入德国社民党州小组
1945年	作为斯堪的纳维亚报刊通讯员重返德国
1948年	加入柏林社民党执委会
1948年	与鲁特·汉森结婚
1949年至1957年	作为柏林代表在波恩列席德国联邦议院
1950年至1969年	任柏林市议会议员
1950年	任《柏林之声》总编辑

1955年至1957年	任柏林市议会议长
1957年至1966年	任柏林主管市长
1958年至1964年	任柏林市社民党主席
1958年至1992年	成为社民党联邦执委会成员
1961年	柏林墙修建
1963年	与埃贡·巴尔一起实施“以接近求转变”策略
1964年至1987年	任社民党主席
1966年至1969年	任联邦共和国外交部长
1969年	发表政府声明《敢于更多民主》
1969年至1974年	任联邦共和国联邦总理
1969年至1992年	任德国联邦议院议员
1970年	华沙之跪
1970年至1973年	签订《东方条约》
1971年	获诺贝尔和平奖
1972年	不信任投票失败
1972年	在联邦大选中获胜
1974年	辞去总理之职
1976年至1992年	任社会党国际主席
1977年至1983年	任南北委员会主席
1979年至1983年	任欧洲议会议员

1983年　与布里吉特·泽巴赫结婚

1987年至1992年　任社民党荣誉主席

1992年　10月8日在波恩附近的温克尔离世